体育运动学校教材

学校体育学

体育运动学校《学校体育学》教材编写组编

人民体育出版社

图书在版编目（CIP）数据

学校体育学 / 体育运动学校《学校体育学》教材编写组编. – 2版. –– 北京：人民体育出版社, 1998(2024.8重印)
体育运动学校教材
ISBN 978-7-5009-1549-2

Ⅰ. 学… Ⅱ. 体… Ⅲ. 学校体育—体育理论—教材
Ⅳ. G807.3

中国版本图书馆CIP数据核字(97)第26957号

*

人民体育出版社出版发行
三河兴达印务有限公司印刷
新 华 书 店 经 销

*

787 × 1092　32开本　7.5印张　160千字
1992年6月第1版
1998年6月第2版　　2024年8月第28次印刷
印数：397,801—399,800册

*

ISBN 978-7-5009-1549-2
定价：22.00元

社址：北京市东城区体育馆路8号（天坛公园东门）
电话：67151482（发行部）　　邮编：100061
传真：67151483　　邮购：67118491
网址：www.psphpress.com

前　言

为适应我国社会主义市场经济体制和教育、体育改革的需要，进一步提高体育运动学校办学质量和效益，培养德智体全面发展的优秀体育后备人才和社会需求的中等体育专业人才，根据1996年全国职业教育工作会议有关精神和国家体委修订下发的《三年制中等体育专业教学计划》及体育运动学校教学大纲，从目前我国社会对中等体育专业人才的需求和体育运动学校的实际出发，我们在原体育运动学校教材及试用教材的基础上重新修订和编写了这套体育运动学校教材，供三年制体育运动学校学生使用，也适用于其他中等体育专业学校。

体育运动学校教材由国家体委群体司组织编写，编写领导小组组长：谢亚龙。副组长：裴家荣、田文惠。成员：李今石、丛明礼、史勇。

这本《学校体育学》教材于1992年6月出版了第1版，这次是在该版本的基础上重新编写的。参加编写的有（按姓氏笔画排列）：北京体育大学教授刘绍曾、黑龙江省体育运动学校高级讲师张晓丽和辽宁省体育运动学校高级讲师温继生。全书由刘绍曾串编，最后请北京体育大学教授周登嵩审阅定稿。

体育运动学校《学校体育学》教材编写组

1997年7月

目　　录

绪　言

学校体育学是体育运动学校的一门专业基础理论课程。对学生进行职业训练，完成培养目标，都起着重要的作用。

一、学校体育学的研究对象

学校体育学是以学校体育实践为研究对象的。所谓学校体育，是以身体练习为基本手段，通过体育课和课外体育活动等多种途径，锻炼学生身体，增强学生体质，培养体育能力和思想品德，促进学生身心全面发展的有目的、有计划、有组织的教育活动。学校体育学不仅研究学校体育现象，而且还要揭示学校体育规律、阐明学校体育原理和方法。

二、我国学校体育学的建立与发展

中华人民共和国成立初期，引进了当时苏联的《体育教育理论与方法》(简称《体育理论》)，其中学校体育的内容占较大的比重。随着我国体育实践的发展，特别是学校体育实践与理论的发展，学校体育学作为一个独立的学科的条件日渐成熟，人民体育出版社于 1983 年出版了我国第一本《学校体育学》专著，原有的学校体育理论部分自此从《体育理论》中独立出来。

学校体育学是一门新兴的学科，随着我国教育和体育事业的发展，特别是随着学校体育的改革与发展，将不断完善和成熟，满足社会需要。

三、学校体育学的学科性质与特点

学校体育学是教育科学与体育科学交叉所产生的一门新的学科，它的性质基本上属于人文社会科学范畴。

学校体育学学科的特点主要有：

（一）综合性

研究学校体育现象、揭示学校体育规律和阐明学校体育原理与方法，需要在辩证唯物主义的观点指导下，广泛运用系统论、控制论和信息论的有关理论与方法，以及教育学、心理学、社会学、管理学、美学等社会科学学科和解剖学、生理学、保健学等自然科学学科的知识。

（二）实践性

学校体育实践是学校体育理论形成的源泉，也是学校体育理论不断丰富和发展的基础。学校体育理论又对学校体育实践具有指导作用，并在实践中检验自身的正确性和可行性。学校体育学学科与实践联系是非常紧密的，实践性非常明显。

四、学校体育学课程教学的基本任务

（一）教书育人。通过本课程教学，培养学生良好的思想品德和热爱学校体育工作的敬业精神。

（二）使学生明确我国体育以及学校体育的目的与任务，了解自己未来工作的社会价值和自己所承担的重要责任。

（三）使学生掌握开展学校体育课教学、课外体育活动以及运动训练等工作的基本知识和方法。

五、《学校体育学》教材内容

本教材分为三篇：

第一篇是概论部分，包括学校体育目的任务、学校体育管理和学校体育手段三章。

第二篇是基础理论部分，包括体育课教学、课余体育和课余运动训练三章。

第三篇是基本技能部分，包括体育课的准备、体育课的组织、体育课的指导和体育课的评价四章。

《学校体育学》的内容体系，包括基础理论、基本方法和基本技能三个方面。基础理论包括基本概念、规律以及原则等，基本方法包括开展学校体育的各类具体方法、途径和手段等，基本技能包括备课技能、上课技能和评价课的技能等。上述内容能满足培养目标的需要。

六、学校体育学课程教学的基本要求

（一）教学要紧密联系实际，加深学生对教材的理解。

（二）教学运用启发式和多种直观方式，加快学生对教材的掌握。

（三）处理好知识传授与技能培养的关系，以知识传授为基础，以技能培养为重点。

（四）处理好系统教学与重点教学的关系，在系统教学的基础上，抓好重点教材的教学。

（五）处理好教与学的关系，发挥师生双方的积极性。

（六）引导学生专心听讲与记笔记，笔记要全面而又简明。

复习思考题

1．学校体育学的研究对象是什么？

2．学校体育学教材的基本内容有哪些？

3．怎样才能学好学校体育学？

第一篇

概论

第一章　学校体育的目的与任务

第一节　学校体育的产生与发展

学校是人类社会发展到奴隶社会以后才出现的专门教育机构，所以研究学校体育应从奴隶社会开始。

一、奴隶社会的学校体育

中国奴隶社会的夏、商、周朝，以周朝的教育最为发达，当时的教育机构称为“瞽宗”“辟雍”“泮宫”“庠”“序”“校”等。教育内容有礼、乐、射、御、书、数（称为“六艺”），其中射和御属军事性质的身体（体育）训练，礼与乐中有舞蹈成分，这些都可看做是学校体育的萌芽。

欧洲古希腊奴隶社会的斯巴达和雅典，形成两种不同的教育体系，但是都很重视体育教育，斯巴达是以军事训练为主的体育教育，雅典有体操学校和军事学校。

二、封建社会的学校体育

中国封建社会的教育目的是“学而优则仕”，为此推行的科举制，实行文武分途的教育，教育内容是儒家倡导的“三纲”（君臣、父子、夫妇）、“五常”（仁、义、礼、智、信）和“六经”（易、诗、书、礼、乐、春秋），体育已不被重视，在官学、私学和书院三种教育机构中，基本没有正规的体育教育。

欧洲到中世纪，宗教神学占统治地位，主张“灵肉分家”“肉体是灵魂的监狱”等，不重视人体的价值。在教会学校的“七艺”中，体育没有一席之地；在骑士学校的“骑士七技”中，有体育内容（游泳、投枪、击剑、骑马等），只是为培养少量骑士服务的。

三、资本主义社会的学校体育

欧洲在文艺复兴以后，资本主义生产方式开始出现，资产阶级开始登上历史舞台，自然科学和社会科学都取得巨大的成就，许多哲学家、思想家和教育家（例如夸美纽斯、卢梭、洛克等）都在论述教育问题时提出重视体育教育。例如卢梭提出教育应使儿童“身心两健”、洛克提出“三育并重”（德育、智育、体育）的教育等。在资本主义大机器生产时代，马克思、恩格斯提出教育要培养适应社会需要的全面发展的人才。在这种历史背景下面，学校体育在学校教育中得到恢复和发展，德国、瑞典体操率先在学校中得到开展，以后英国的户外运动（田径、球类等）也相继进入。1814 年，丹麦政府首先规定初级学校男生上体操课，1860 年阿姆赫斯特大学率先规定大学生每周上一节体育课。美国、法国等陆续开设学校体育课，越来越多的国家将体育纳入学校教育内容。由于世界各国的具体情况不同，对学校体育的管理与规定也不同，有的国家实行国家集中统一管理，有的国家则由地方管理，有的国家则实行国家与地方共同管理；有的国家将体育课作为学生的必修课，而有的国家不作为必修课；学生课余体育锻炼，有的国家规定学生必须参加，纳入学校作息制度之中，而有的国家不作硬性规定，由学生自己安排。

四、中国半封建半殖民地社会的学校体育

1840 年鸦片战争以后，中国逐渐沦为半封建半殖民地社会，学校体育出现新的特征。1903 年清朝政府在学校中设置"体操科"，主要传授德国、日本的兵式体操。1923 年，改"体操科"为"体育科"，英美的田径、游戏、球类等陆续传入中国，学校体育内容大为丰富。由于受生产力发展水平以及国家的政治经济制度的限制，学校体育中出现许多不良现象，如"选手体育""放羊式"体育课等，极大地影响了学校体育的发展。

五、中华人民共和国的学校体育

1949 年 10 月 1 日，中华人民共和国诞生，学校体育教育得到各级人民政府的重视和关怀，在改造旧中国学校体育、借鉴苏联社会主义学校体育的经验的同时，在革命根据地学校体育的基础上，很快创建了社会主义性质的学校体育体系。从中央到地方建立了学校体育的管理机构，制定并颁布了有关学校体育的规章制度，建立体育院系，培养大批新型体育师资，颁布了体育教学大纲，改善了学校体育的物质和技术条件。近半个世纪，学校体育经历了曲折的发展道路，取得了巨大的成就，为国家培养了大批德、智、体全面发展的现代化建设者和接班人。尤其是改革开放以来，为适应社会主义市场经济发展的需要，学校体育面向现代化，面向 21 世纪，面向未来，在各个方面进行了深刻的改革，为全面贯彻教育

方针和实现学校体育的目的任务，又取得新的成就，正向21世纪迈进。

纵观学校体育发展演变的历史，可以看出：

（一）学校体育发展的规模和速度，受当时社会生产力发展水平的制约。

（二）学校体育的性质、目的与任务，受国家的政治经济制度的制约。

（三）现代学校体育正纳入终身教育和终身体育之中，成为提高民族素质和构成现代文明生活方式的重要内容。

（四）不同国家的学校体育，互相交往日益增多，互相借鉴，共同发展。

（五）学校体育内容、方法和手段日益丰富，追求长期的和多种的效益。

复习思考题

简单说明学校体育的发展概况。

第二节　学校体育的目的与任务

体育是人类社会一种古老的文化现象，它是以身体练习为基本手段，以增强体质、丰富文化生活和提高运动技术水平为目的的人类有目的、有意识的社会活动。体育是社会文化的组成部分，受一定社会政治和经济的制约，又促进社会政治和经济的发展。体育是现代文明的重要手段和明显标志，在现代社会中对人类生活发挥越来越大的作用，具有健身功能、教育功能、娱乐功能、促进个体社会化功能、社会感情功能、政治功能和经济功能等重要价值。

在当代，增强人民体质，丰富人们文化生活，提高运动技术水平，为社会主义建设服务，是我国体育的目的。体质是指人体的质量，包含体格（人体生长发育状况、身体姿态和体形）、体能（人体各器官系统的生理机能、身体素质和运动能力）、适应能力（对自然环境的适应和对一般疾病的抵抗力）和精神状态（元气充足、精力充沛、性格开朗、意志坚强、心态平和）等方面，评价人的体质要用综合评价方法。人的体质的增强，有利于人的整体素质的提高，进而促进了社会生产力的提高，间接地促进了社会的发展。

为实现我国体育的目的，需要完成下列几项任务：

第一，经常开展全民健身运动，改善健康状况，延年益寿。

第二，继承和发展体育文化，提高人们的体育文化水平。

第三，通过体育进行社会主义精神文明教育，塑造高尚的人格。

第四，提高运动技术水平，攀登世界体育高峰，为祖国争光。

上述任务的完成，主要是通过开展学校体育（青少年体育）、社会体育（中老年体育）和竞技体育（运动员体育）等工作实现的。

一、学校体育的地位

学校体育的地位指其在学校教育和在国民体育中所处的位置。

（一）学校体育在学校教育中的地位

学校教育体系包括德育、智育、体育、美育和劳动技术教育，体育在其中处于什么位置呢？

学校教育在于促进学生自然发展（生理方面）和社会发展（心理方面），这两方面协调发展，才能成为一个有知识、有道德和有才能的人，用创造性的劳动服务于社会。婴儿出生以后，首先要获得良好的生理方面的发展，身体各组织、器官、系统发育正常，机能完善（大脑机能尤其重要），为心理方面的发展奠定良好的物质基础。英国教育家洛克说："有健康的身体才有健全的精神。"[①] 毛泽东以"二十八画生"的笔名在1917年发表文章说："体强壮而后学问道德之进修勇而收效远。"[②] 为打下好的身体基础，学生的体育教育应当先行。古希腊思想家亚里士多德说："在教育上，实践必先于理论。而身体的训练须在智力训练之先。"[③] 不仅如此，毛泽东又说："体育一道，配德育与智育，而德智皆寄于体。无体是无德智也。"[④] 可见，体育是学校一切教育的基础，在全面发展教育中占有优先地位。

（二）学校体育在国民体育中的地位

国民体育包括婴幼儿体育、少年儿童体育、青壮年体育

---

① 洛克：《教育漫话》，人民教育出版社，1957年版，第4页。

② 二十八画生：《体育之研究》，见《新青年》第3卷第2号，1917年4月1日。

③ 亚里士多德：《政治论》，见《西方资产阶级教育论著选》，人民教育出版社，1964年版，第564页。

④ 二十八画生：《体育之研究》，见《新青年》第3卷第2号，1917年4月1日。

和中老年体育等系列组成部分，其中少年儿童和青年体育，基本上是学校体育。可见，学校体育处于国民体育中的承前启后的中间位置上。由于实行九年义务教育，适龄儿童少年都要进入学校学习，学校体育对国民体育发展的规模和质量，起到举足轻重的作用。从横向看，国民体育包含健身体育和竞技体育。人们参加健身体育，需要掌握有关体育的基本知识、基本技能和方法，学生在学校中接受系统的和有目的的体育教育，完全可以达到这一目标。而竞技体育所需要的优秀运动人才，几乎都是在学校体育中发现和开始培养的，学校体育是源源不断地为竞技体育输送优秀人才的基地。可见，学校体育是整个国民体育的基础。

二、学校体育功能

学校体育对周围客观事物产生的作用称为功能，由于学校体育涉及的客观事物有学生，还有社会，于是其功能有：

（一）个体功能（直接功能）

学校体育有促进学生身心素质发展的功能，只是角度或者侧重点不同而已。具体表现：

1. 有助于身体平均发达，体形匀称。学校体育可以锻炼学生身体各个部位，上肢、下肢、躯干和头颈部都能得到锻炼，有助于塑造匀称和健壮的体型。体育锻炼可以防止营养过剩和体重超标的肥胖现象的发生。

2. 有助于体魄健壮，体格魁伟。体育锻炼可以增加食欲，使睡眠良好，加强血液循环，充分供应机体生命活动所需要的营养和氧气，使肌肉发达并富有弹性，使骨骼粗壮并结实。

3. 有助于增强各个器官系统的机能。课间操可以消除眼睛的疲劳，调节焦距和视角，有助于眼睛保健；很多体育活动，可以在室外进行，在阳光沐浴下呼吸新鲜空气，使流动空气刺激皮肤，这些都具有非常明显的保健作用。在体育活动中，机体要承受一定的生理负荷，并有多种活动因素刺激，对心血管、神经和呼吸系统等机能的改善和提高，都大有益处。

4. 有助于身体素质和运动能力全面发展。速度、力量、耐力、灵敏、柔韧、平衡和协调等身体素质，以及走、跑、跳跃、投掷、攀登、爬越、旋转、滚动、悬垂和支撑等运动能力，在体育活动中，都可以得到发展。

5. 有助于活跃情绪，陶冶情操。体育活动中的游戏性、娱乐性、竞争性、合作性、动作的健美性与艺术性，以及活动空间的广阔性和新颖性等，可以使学生精神振奋，心旷神怡，迅速消除在文化课学习中产生的刺激单调感、学习的疲劳感以及精神的紧张感等，体育是非常良好的精神调节剂。

6. 有助于坚韧不拔、敢于拼搏的顽强意志品质的培养。人生道路是坎坷的，需要不断奋斗，这就需要有自强不息、锲而不舍的顽强精神。体育活动可以使学生与炎热、寒冷抗衡，可以与自己的身体疲劳、精神疲惫斗争，可以与危险、困难较量，因而它也是培养钢铁般意志的过程。

7. 有助于培养互相帮助、互相关心的良好品质。善于关心人、同情人和帮助人是人类美德之一。诚然，体育有竞争，需要人们有竞争意识、竞争品质和竞争能力，但体育又是人类社会的一种社会活动，需要人们互相交往，互相帮助，很多竞争又是在内部协调配合基础上的集体行为。未来年轻的一代，在重视自我价值的同时，尤其要重视人们互相支持、团结和关心的集体价值和交往价值。体育活动中的游戏、球类、舞蹈等内容，是培养学生的交往动机、集体观念和团队意识的有效途径。

8. 有助于培养正派、诚实、举止文明的优良品德。体育动作有技术标准，学生必须按动作规格，严肃认真和一丝不苟地去完成，有助于培养做事有头有尾和精益求精的认真负责精神。体育活动一般都有规则，要求学生严守规则，服从纪律，在遵守规则的基础上，充分发挥自己生理和心理方面的潜能，获取优良成绩，体现公平竞争精神。体育活动要求学生做动作准确、协调和优美，体现出英姿飒爽、朝气蓬勃和举止优雅的风貌，反映出现代人的气质。

9. 有助于开发智力，增加知识。体育活动使大脑皮层接受多种复杂刺激，对提高其灵活性、分析与判断机能等十分有利。体育活动又可以增加供应大脑的营养物质和氧气，对大脑的发育和机能的提高有直接作用（对婴幼儿尤其重要）。学生参加体育活动，可以直接学到许多体育知识技能，丰富和扩大自己的知识面，提高体育文化素养水平。

10. 有助于培养科学世界观和方法论。在体育活动中，引导学生认识良好的身体是从事一切有意义活动的物质基础，没有身体就没有一切的道理，这有助于形成辩证唯物主义世界观，正确处理身体与精神、体育与学习的关系。在体育活动中，还应贯彻唯物辩证法精神，例如正确处理内因与外因的关系、主要矛盾和次要矛盾的关系，用相互联系和发展变化的观点去观察、分析和解决问题等，有利于克服形而上学的片面的、孤立的、静止的分析问题、解决问题的弊端。事实上，体育活动中处处充满着矛盾，需要辩证唯物主义指导，例如进攻与防守、胜利与失败、前进与后退、自我与他人、生理与心理、主体与客体、创新与模仿、教师与学生、人与自然环境、体育与学习等等。

总之，体育可以促进学生生理发展和心理发展，有助于学生成为有无限创造能力的社会成员。

（二）社会功能（间接功能）

学校体育是通过培养人才——学生，为社会发展、为现代化服务。社会发展依靠生产力的提高，生产力的提高又依靠劳动者整体素质的提高，而劳动者整体素质包括身体素质、科学文化素质以及思想道德素质。学校体育对学生——未来劳动者的整体素质有积极作用，并与学校德育、智育、美育和劳动技术教育配合，会产生更大的整体教育效果，从而为国家培养高质量的人才。经过各级学校培养的各类专业人才进入社会不同职业岗位，有力地推动物质文明和精神文明建设，加速社会的发展。

三、学校体育目的与任务

目的是学校体育要达到的某种结果，任务是实现目的的具体工作目标。

（一）学校体育目的

这是学校体育工作的出发点，制约学校体育的发展方向，又是学校体育的落脚点，检查和评价学校体育工作质量的依据。

学校体育的目的是依据教育方针、体育的目的任务、学生年龄特征和学校体育的功能制定的。我国学校体育的目的是：增强学生体质，配合德育与智育，培养全面发展的社会主义现代化建设者。

（二）学校体育的任务

为达到学校体育的目的，需完成下列任务：

1. 全面锻炼身体，提高健康水平：增强体质，延年益寿，不仅是学生个人的幸福，而且是民族兴旺发达和国家繁荣富强的需要。学校体育通过体育课教学和丰富多彩的课外体育活动等多种途径，并与卫生保健措施结合，可以全面锻炼学生的身体，有效地提高健康水平，保持旺盛的体力，充沛的精力，有利于提高学习效率，有利于良好品德的培养。

增强一代一代青少年的体质，达到增强整个中华民族体质的目的，这是一项具有长远战略意义的任务。

2. 丰富文化生活，塑造美好心灵：体育属于社会总文化范畴，学校课余体育是校园文化的组成部分。学生参加各种体育活动，不单单是肌肉活动，而且是十分丰富的精神活动，其中包含感觉、知觉、注意、记忆、分析和判断等智力活动，还含有喜悦、高兴、美感、紧张和恐惧等情感体验，还有坚持、拼搏和顽强等意志行为，以及团结互助、遵守规则和爱护公物等文明举止。可见，体育活动可影响到学生全部精神世界，是塑造完美的内心世界和教导学生如何“做人”与“成人”的有效途径，这是促进学生个体社会化和提高文明程度的一项重要的任务。

3. 传递体育文化，提高体育素养：向下一代传递文化，是学校教育的重要使命。体育文化是人类文化宝库中一个重要部分，向学生传递体育文化，是学校教育的一项重要职责。体育文化是现代社会文明生活方式的有机组成部分，学校体育将经过选择的体育知识、方法和技能传授给学生，提高学生体育文化素养，可丰富学生生活的情趣，善度余暇，构建文明、高雅和健康的生活方式，使体育成为现代生活的内容之一，成为人生的需要之一。

4. 培养体育人才，提高运动水平：优秀的体育人才是国家的一种重要人力资源，具有重要的社会影响和作用。优秀体育人才要早期发现，多年系统培养。在青少年儿童集中的学校，通过系统的和正规的体育教学与训练，能为国家发现、培养和输送大批的有培养前途的体育人才的“苗子”，这是我国攀登世界体育高峰的体育精英队伍的基础。学校体育有责任有义务承担此项任务。

上述四项任务相辅相成，互相联系，形成一个整体，在实践中不可偏废哪一条，应全面完成。但在不同的学校，根据具体需要，在某个阶段突出某项任务是可以的，突出的某项任务必须是**可变的**。

四、实现学校体育目的任务的基本途径和要求

（一）实现学校体育目的任务的基本途径

实现学校体育目的任务，需要通过以下基本途径开展各项工作：

1. 体育课（体育教学）。
2. 早操（作息制度的体育活动）。
3. 课间操（作息制度的体育活动）。
4. 班级课余体育锻炼（课余体育活动）。
5. 课余体育训练（课余训练与竞赛）。
6. 运动会（课余体育集体活动与竞赛）。
7. 体育节（课余体育集体活动与竞赛）。

（二）实现学校体育目的任务的基本要求

实现学校体育目的任务应注意下列要求：

1. 全面理解和贯彻教育方针，坚持德育、智育和体育一齐抓，将体育摆在恰当的位置上。

2. 全方位地开展学校体育各项工作，坚持以教学为中心，课余锻炼为基础，课余训练有特色。

3. 学校体育工作坚持面向全体学生，坚持非毕业班与毕业班一齐抓，身体健康与不健康学生一齐抓，体育优良生与较差生一齐抓。

4. 促进学生全面发展，一是身体全面发展，二是身心全面发展。

5. 全面提高学校体育工作质量与效益，发挥学校体育系统的整体功能。

复习思考题

1. 学校体育有哪些功能？为什么具有这些功能？

2. 怎样才能实现学校体育的目的和任务？

第二章　学校体育管理

第一节　学校体育管理的内容

一、管理的依据

（一）党的教育方针是学校体育管理的根本依据。学校体育管理必须从全面贯彻党的教育方针的高度，确定指导思想，制定方针、政策，建立和完善各项规章制度。

（二）《学校体育工作条例》和《学校卫生工作条例》是现阶段学校体育、卫生工作的法规，是国家对学校体育、卫生工作的基本要求，也是检查与衡量一所学校体育与卫生工作的标准。

（三）《国家体育锻炼标准》《体育教学大纲》和《小学生体育合格标准的试行办法》等文件，也是学校体育管理工作的依据。

（四）教育、体育和卫生部门不同时期对学校体育、卫生工作的各种意见、指示、通知和规划，反映教育、体育和卫生事业发展的需要，也是学校体育管理的依据。

二、管理的内容

学校体育管理的内容很多，归纳起来可以包括体育宣传和思想政治教育、学校体育工作计划、体育教学、课外体育活动、体育教师和体育骨干、学生体质测试、体育经费、设备及器材等方面的管理。

复习思考题

1. 学校体育管理的依据有哪些？
2. 学校体育管理的内容有哪些？

第二节　学校体育管理的方法

一、体育宣传和思想政治教育的管理方法

在学校体育管理工作中，首先应该做好思想政治工作，因为它是学校体育管理的保证。要对广大教师进行全面贯彻执行我国教育方针的教育，使他们正确认识体育在学校教育中的地位和作用，从而增强他们对学校体育工作和学生身心健康成长的责任感。

做好思想政治教育，就要经常地开展体育宣传工作。要在校长的领导下，自上而下地建立体育宣传组织和健全各项规章制度，内容要新颖，方法要多样，要坚持经常。具体措施是，除了校领导在布置工作、检查工作和总结工作时要宣传体育在学校教育中的地位和作用外；日常工作可以由体育教研组、共青团、少先队、学生会、卫生室和教务处等有关

部门成立的体育卫生工作领导小组去做。广泛利用黑板报、墙报、体育知识专题讲座、体育表演、体育图片展览、观看体育影片和录像等形式，进行体育宣传。体育宣传和思想政治教育工作要有计划、有针对性、有思想性和科学性，要讲究实效。

二、学校体育工作计划的管理方法

学校体育工作计划是学校一定时期内体育工作的目标、工作内容及其具体安排，它反映了学校体育工作的决策，是学校体育工作的基本依据。加强学校体育工作计划管理，可使各项体育工作有目的、有计划、有步骤地进行。

学校体育工作计划的管理，首先要明确计划的目的性，内容要适当，要切合实际。学校体育工作计划应根据学校体育的目的任务、上级教育部门的有关指示，结合学校的实际情况（物质条件和师资等）来制定。计划应在体育教研组充分地讨论研究，然后提交学校体育卫生领导小组讨论通过，最后经校长批准实施。

学校体育工作计划一般包括以下内容（表1和表2）：

（一）体育教学工作计划。一般包括全年、学期教学工作计划（体育教学进度）、单项计划和课时计划等。

（二）课外体育活动工作计划。一般包括早操、课间操、课外体育锻炼、课余体育训练工作安排等。

（三）运动竞赛工作计划。包括全校运动会、各种单项比赛和测验等活动的安排。

（四）宣传教育工作计划。

（五）教师的进修和科学研究工作计划。一般包括提高教师的政治与业务水平的各种制度与措施，对体育教材、教法的研究，专题总结，资料搜集，个人业务进修计划和科研计划的规定与要求等。

表 1　××小学体育工作计划

年　　月至　　年　　月

类别 / 月份	工作内容	负责人	完成日期	执行情况	备注
3					
4					
5					
6					
7					

表 2　××小学体育工作计划

年　　月至　　年　　月

月份 / 内容 / 类别	9	10	11	12	1	备注
体育教学						
课外体育活动						
运动竞赛						
宣传教育						
教师进修、教研						
卫生保健						
场地器材						

（六）卫生保健工作计划。包括定期对学生的体格检查、健康情况的分析与研究，以及卫生教育、体育活动的安全措施和医务监督等工作的安排与要求。

（七）经费预算及场地器材的管理计划等。

上述各项工作内容都应提出工作任务、要求和措施，并要加强计划的贯彻执行的管理。体育教研组长在执行计划中应负主要责任，并根据学校体育工作计划规定的任务、内容和要求，对各项工作做出安排，确定完成任务的日期和主要负责人。全校性重大体育活动应列入校历。

为了加强计划管理，应建立必要的检查和总结制度，以便能及时发现问题，总结经验，采取措施，保证计划的执行。

三、体育教学管理方法

体育教学管理的基本方法，是通过制定计划、教学实施、检查评价和教学总结四个环节来体现的。从总体上对教学四个环节和全过程进行调控，使教学工作有目的、有计划和有系统地进行。

（一）教学工作计划的管理。教学工作计划主要是通过制定和检查两个环节进行管理的。制定体育教学工作计划要根据体育教学大纲规定的任务、内容和要求，保证计划的科学性和系统性。对体育教学工作计划的检查，除须分析计划的科学性和可行性外，还要检查计划的执行和完成情况，以便从中找出问题，予以解决。

（二）教学实施的管理。教学实施是教学管理的重要环节。教师要以教学工作计划的任务和要求为目标，加强调控，减少偏差，克服教学中的随意性。

教学过程要执行体育课教学常规，建立正常教学秩序，这是对师生的基本要求。教师要以身作则，成为学生的表率。

（三）检查评定的管理。教学质量的检查与评定的目的，是为了取得反馈信息，起着调控作用，使其达到预定的教学目的。

检查评定要有目的和评价指标标准，有关人员都应参加检查。检查评定的形式和方法多种多样（详见第十章）。检查评定的结果要准确、可靠、符合实际，并可作为制定对策的依据。

（四）教学总结的管理。教学工作总结是改进教学工作、提高管理水平的重要环节。总结可分专题总结和全面总结。经总结分析成败原因，加深认识，把实践上升为理论，再指导实践，使教学管理水平不断提高。

抓好体育教学管理的四个环节，有利于提高教师对教学工作的目的性、计划性和责任感；有利于教师运用定量分析，客观评定教学质量和提高质量评价的科学性，有利于提供反馈信息和调 控教学过程。

四、课外体育活动管理方法

课外体育活动的管理工作，首先是合理地安排活动时间。凡没有体育课的当天，应尽可能安排课外体育活动，使体育课与课外体育活动交替进行。

（一）早操、课间操和课外活动的管理。早操、课间操和课外活动的时间要予以保证，并列入课表，使学生按班级在规定的时间和场地内，有组织、有秩序和有计划地进行活动。班主任对学生要加强教育，做好组织、督促和检查工作。体育教师要分工负责辅导，掌握运动负荷，注意安全卫生。要加强早操、课间操和课外体育活动的检查与考勤，定期进行评比，以推动学生积极参加体育锻炼。

（二）《国家体育锻炼标准》的管理。《国家体育锻炼标准施行办法》（以下简称《标准》）是国家推动体育运动的开展，衡量国民体育状况和检查体育实施效果的一项重要体育制度。推行《标准》是学校体育管理的经常工作，如何提高达标率和达标质量，是科学管理的重要课题。一般采取的措施有：

1．经常深入地宣传推行《标准》的重要性和必要性，宣讲《标准》的科学价值和有关项目的基本知识、技术与技能，以提高对《标准》的认识，明确《标准》的目的，提高自觉参加锻炼的积极性。

2．培养体育骨干，做好推行《标准》的物质保证工作。人和物是科学管理的重要因素，体育骨干和场地器材是推行《标准》的管理内容之一，应统筹计划，加强培养和准备。

3．建立课外锻炼的检查、测验制度和班级责任制等管理制度。

（1）检查制度：班主任协同体育教师，检查锻炼人数、锻炼和测验的质量、安全措施及组织纪律等，定期评定公布。

（2）测验制度：测验《标准》，要在经常锻炼的基础上定期进行，不要突击，防止执行规定不严，降低达标质量。测验方法可采取定期分批测验和体育课考核相结合。测验时要固定裁判员和记录员，准备好受测学生名单等。

（3）班级责任制：班级测验由班级上报成绩，以班级为单位检查、验收、评比和奖励。

（三）运动竞赛管理。学校运动竞赛要注意群众性、趣味性和经常性，坚持小型多样、单项分散和以校内为主的原则，并根据学校体育运动传统项目和季节特点安排竞赛活动。每年春、秋季节可举行学校田径运动会，以推动学校体育锻炼的开展。

运动竞赛管理措施：

1. 较大规模的校内外竞赛应列入校历。

2. 运动竞赛组织委员会要加强纵横联系，争取教务、总务、团队和学生会等部门的支持配合，互相协调地进行工作。

3. 根据竞赛原则，从学校实际出发，制定竞赛规程，培养裁判员，使他们熟悉规则，掌握裁判方法，提高效率。同时也要加强场地器材的检查，合理布局，注意安全管理。

4. 为了不增加学生负担，学生参加校外竞赛的次数和时间不宜过多。对被选为省、市级代表队参加高层次比赛的学生所耽误的课业，学校应设法为他们补课。

（四）运动训练管理。学校体育代表队的训练要安排在课余及假日，要切实做好思想教育工作，关心运动员的学习、生活和身体健康。要妥善地安排好训练的时间与次数，一般是每周训练 2～3 次，每次 60～90 分钟为宜。根据学生的生理、心理特点和实际条件，进行科学安排、系统训练、打好基础和不断提高训练质量。要建立体育教师（教练员）工作岗位责任制，使他们在工作中，能从学校教育的要求与实际情况出发，正确处理学生文化课学习与训练、竞赛的关系，关心运动队学生的德、智、体全面发展。

具体措施有：

1. 建立健全运动队的组织和训练制度，严格按规定的时间进行训练，不搞突击和随意增减时间。制定训练计划要有明确的目标，提出的指标要切合学生实际。要重视基础训练，不要急于求成，应付比赛。要定期检查训练计划实施情况和质量，及时发现问题，采取相应措施加以改进。

2. 建立运动员档案。定期测试形态、素质、机能和专项成绩，并及时登记。还要登记文化课考试成绩，以及主要学科作业完成情况。

3. 体育教师要加强与班主任、家长的联系，取得他们的支持与配合，协同管理，并为运动员提供文化学习、物质生活和训练时间等条件。

4. 建立奖励制度。对训练成绩优异的班级、体育教师和运动员给予表扬和奖励。

五、体育教师队伍和体育骨干的管理方法

为了做好体育工作，学校领导应注意配备具有一定数量和质量的体育教师，并保持相对的稳定，关心体育教师政治上的进步，注意提高他们的政治思想水平。通过多种渠道和方法鼓励教师在职或脱产进修，不断提高教师的专业知识水平和业务工作能力。对忠诚于人民教育事业，在工作中做出显著成绩的教师，给予表扬和奖励。要关心体育教师的福利，认真解决教师的实际困难。

体育骨干的管理，主要是在使用中培养，在培养中使用。努力提高他们的体育知识、技能和组织能力。

六、体育经费、设备和器材的管理方法

学校体育经费在学校整个经费中应占相应比例，单独列项，用以购置体育器材设备和维修、扩建体育场地，以及开展各种体育活动，要做到专款专用。要建立场地、器材的管理和维修制度，教育学生爱护体育场地、器材和公共财物。学校体育场地不得任意占用，已占用的要限期退回。新建学校要将体育场地列入规划内。

建立场地器材的保管和安全检查制度。

七、各种体育规章制度的制定和管理方法

为了加强学校体育管理，保证各项体育工作的顺利开展，应定出学校体育管理工作的各项具体规章制度，如体育教师岗位责任制，教师业务进修制度，业务考核和职称评定办法，检查和评定班级体育工作的制度、标准和细则，学校代表队训练和运动竞赛制度，体育场地、器材设备的使用、保管和维修制度，以及体育经费开支与使用办法等，使各项工作都有章可循，照章办事。规章制度经有关单位集体讨论和领导批准后坚决执行，不得任意更改或成为一纸空文，如发现与政策和实际情况不符时，应在有关范围内讨论修订。

复习思考题

模拟制定一份全年学校体育工作计划。

第三节　体育教师

一、体育教师的地位与工作性质

（一）体育教师的地位

人类社会发展的历史表明，社会的发展离不开教育，自从有了学校教育，就有教师和教师的劳动，其中包括体育教师。人类长期积累的精神财富，包括文化知识、科学技术、文学艺术、思想观点和行为规范等，主要靠教师的辛勤耕耘。因此，教师及其劳动是人类科学文化知识继承和发展的桥梁和

纽带，是人类社会存在和发展的客观需要。

体育是学校教育的重要组成部分，是培养全面发展人才的一个重要方面。体育教师是学校体育工作的具体实施者和组织者，通过体育教师创造性、紧张性和艺术性的工作，学校体育的目的任务乃至学校教育目的才能实现。体育教师的工作在提高下一代的素质的工作中占有重要的地位。

体育教师是教师整体的一部分，与所有教师一样，肩负着培养人才的光荣使命。在我们这个社会里，同样受到党和政府的关怀，人民的尊重。几十年来，许多成绩优异、贡献卓著的体育教师，被授予“先进工作者”“模范教师”“特级教师”“优秀体育教师”等光荣称号，从中央到地方，各级人民代表和政协委员中都有体育教师代表参加。这就更加激励广大体育教师对学校体育工作的热爱，深感国家和人民对体育教师的殷切期望。

（二）体育教师的工作性质

体育教师在学校中既是对学生进行体育教育的教育工作者，又是完成学校体育工作任务的具体执行者和组织者。体育教师是整个教师队伍中的一个特殊群体，因而与其他学科的教师比较，在工作性质上又有以下不同之处。

1. 脑力劳动与体力劳动紧密结合。体育教师从事任何一项工作，都离不开脑力劳动。各种工作文件的制定，体育课、学生课余训练、课外群众性体育活动和运动竞赛的组织实施，对学生的教育以及人际交往等等，都是大脑积极思考的结果。就以从事身体练习本身而论，也是以智力活动为基础的。因为动作技能是一种复杂的、本体感受性的和链锁式的运动条件反射，任何精细的和协调的动作，都是人的智力和体力完美结合的表现。可见，体育教师不论是直接从事脑力劳动，还是直接从事身体练习，都体现出脑力劳动和体力劳动紧密结合的特点。

2．活动空间宽广，接触人员繁多。体育教师在室内上课较少，大量的体育教学、训练和竞赛等项工作，都是在户外广阔的大自然中进行的，活动的空间相当广阔。这为体育教师充分发挥自己的智力和体力，创造了良好的条件，同时也给体育教师的工作提出了不同的要求。体育教师除了接触教育的对象——学生以外，还要与校内外各种有关人员交往，例如学校领导、班主任、校医、科任教师、团队负责人、总务人员以及教育和体育行政部门的有关人员、学生家长、体校教练员等。这反映出体育教师工作涉及面大，影响面宽，也反映出体育教师工作的难度较大。

3．情感体验丰富而深刻。体育教师接触的是朝气蓬勃和感情丰富的青少年儿童，工作的内容、形式、条件和环境是多种多样的和经常变化的。在教学、训练、竞赛以及日常生活中，学生时时表现的进步的喜悦、成功的自豪、克服困难的勇气和获取胜利的欢呼等情绪体验，对体育教师能产生强烈的感染与共鸣。而为提高教育效果，体育教师也往往有意用自己的积极情绪去影响学生。师生感情的共鸣和交融，是学校体育工作取得成效的重要保证。

4．工作效益具有整体性和延迟性。学生的成长是身体的、智力的、心理的和行为的综合成长过程。体育教师的工作不仅在于促进学生身体的正常生长发育、增强体质和提高健康水平，而且也在于促进学生发展思维和开发智力，培养性格和教育学生热爱祖国、热爱集体，培养勇敢、顽强、坚毅、果敢的品质以及诚实、正派、文明的行为等。这种整体效应是由青少年身心发展的年龄特征和体育具有多功能、多价值的本质属性决定的。

学校体育工作的效益往往不是立竿见影就表现出来的，要经过日积月累才逐渐显露出来。而且学校体育工作效益往往要与学校的其他各项工作效益融合在一起才能表露出来。这种渐进性和融合性是学校体育工作效益延迟性的明显表现。

二、体育教师应具备的品德和业务素质

（一）体育教师应具备的品德

体育教师是人类灵魂工程师的一部分，要求具有高尚的思想品德。

体育教师思想品德的构成是很复杂的。首先，应热爱事业，热爱学生。体育教师应了解自己工作的社会意义，那是“太阳底下最光辉的事业”之一。这样，才能将自己全部的心血奉献给这一事业。学生是自己教育的对象，只有热爱学生，才能满腔热情去工作；只有热爱学生，才能百折不挠、克服困难去工作。热爱事业和热爱学生是一致的，只有将两者很好地结合起来时，才能成为真正的体育教师。因为，从体育教师这一特定的社会角色来看，职业道德是其道德品质完整结构中的主体部分。对从事体育教育事业具有极其重要的作用。体育教育活动是体育教师所从事的主要活动，是体育教师为人类和社会服务的具体形式。对待本职工作的态度，就反映出体育教师对待劳动的态度。体育教师在培养学生的工作当中，他们所花费的社会必要劳动量，往往超过社会规定工作的界限。他们的劳动支付和由这种劳动所取得的报酬，往往是难以相等的。这种高尚的职业道德，对于取得显著的工

作成效发挥着很大的调节作用。不仅如此，体育教师劳动价值还凝结在学生身上，通过学生为社会作贡献而间接地体现出来。由于上述职业特点，所以体育教师的价值往往不能为社会上的某些人所理解。这更要求体育教师具有崇高的职业道德。

师生关系是教育过程中最基本的人际关系，其中渗透着广泛的道德内容，师生之间的道德关系发挥着重要的教育职能，使学生逐渐理解和掌握人与人关系的准则和规范，陶冶着学生道德的心理与情操，从而把学生纳入社会的道德体系中去，因此它具有深刻的社会意义。体育教师在建立师生之间的道德关系中发挥着主导作用。“尊师爱生”历来是我国处理师生关系的优良传统。“爱生”这是无数教师从客观教育实践中总结出来的最基本的行为准则。是否热爱学生，这是对体育教师作出道德评价的重要标志。“爱生”不仅包含着情感的因素，也包含着政治的因素和理智的因素。教书育人，不断关心学生政治思想的成长。

体育教师之间的关系，以及体育教师与其他教师之间的关系，是教师道德生活的一个重要领域。按照系统论的观点，整体的效应大于组成它的各个部分处于松散状态时的效应。将体育教师组成一个团结友好的集体，发挥群体效应，这是做好工作的重要保证。学校体育工作是个多内容和多层次的完整体系，只有在发挥体育教师积极性的前提下，也发挥班主任、学科教师以及团队组织支持学校体育工作的积极性才行。处理教师之间的关系方面，应当遵循的道德准则是：亲密团结，互相协作，互相支持，互相尊重，互相谅解。

（二）体育教师应具备的业务素质

体育教师应具有较全面的业务素质。他既要有较好的体育基础理论知识和全面的运动能力、较强的教学能力、训练能力和教育能力等多种能力，又要掌握青少年生理、心理发展和教育的基本规律。

精通业务。要求体育教师必须根据体育教师的职业特点具有相应的基础理论、专业知识与技术，以及表现在从事各项体育工作的具体能力方面。

运动能力。即体育教师要全面和正确地掌握体育基本技术和基本技能，即技术上的“多能”。在此基础上，要在技术上有所专长，即“一专”。只有这样，才能使自己在运动能力上既满足教学和课外体育锻炼的需要，又能适应业余体育训练的需要。

教学能力。教学能力是体育教师首要的和最基本的能力，包括教学组织能力、语言表达能力、示范能力、编制各种教学计划文件的能力和对艺术的鉴赏能力等。体育教师要善于在最短的时间内，把不同年龄、性别和个性的学生组织起来，有条不紊地根据具体任务和不同对象，运用生动形象和简洁的语言、适当的姿势、丰富的表达方式进行教学。这就要求体育教师全面掌握学校体育教学大纲的各项教材内容，做到会讲解，会示范，会保护帮助，会组织，会评价并能在此基础上具有特色。

组织与指导能力。学校体育以普及为主，组织学生参加课外活动是一项广泛而细致的工作。体育教师不仅自己要具有计划、组织和指导各种体育活动的能力，而且还应具有培养与使用体育骨干，以及宣传与动员少先队、学生会、班主任等组织和人员的能力，与他们互相配合，共同努力，开展群众性体育活动。

训练能力。体育教师除全面掌握教学大纲规定的教材内容，具有教学和教育工作能力外，还应对一两个项目的运动训练工作有一定的指导能力，掌握有关的理论知识、技术、技能、训练方法、组织竞赛和裁判方法，组织与指导学校课外体育活动与运动队训练。

教育能力。教育能力包括在课内外对学生进行思想政治教育、了解学生行为、学习情况等观察与分析判断能力。具有这些方面的能力，就能抓住时机，采用有效手段和方法，有的放矢地进行各种教育，取得良好效果。

还有其他方面的能力，如体育场地设计与规划能力、对学生体质和健康进行测试的能力、搜集和积累资料能力、制定工作计划能力，以及科学研究能力等。

为了使自己的工作不断地适应客观规律，体育教师必须懂得并掌握青少年生理、心理特征，以及教育规律，把教学、训练和教育工作建立在客观规律的基础上。为此，体育教师不仅要学好专业技术，具有良好的运动知识与能力，而且应该学习教育学、运动生理学、学校体育学、体育管理学和体育社会学等学科的理论知识，并且将这些理论知识灵活地运用到体育实践中去。

复习思考题

你怎样争取做一名优秀的体育教师？

第三章　学校体育手段

第一节　学校体育手段概述

学校体育的目的、任务确定以后，应当运用什么手段来实现呢？这是本章阐述的问题。

一、体育手段的概念

体育手段是人们为了锻炼身体、增强体质、抵抗和预防疾病，以及提高运动技术水平所采用的各项活动内容和方法的总称。在体育实践中，人们常把所采用的每一个单个动作、成套动作、各个运动项目，以及各种锻炼方法也称为体育手段。为实现学校体育的目的和任务需要采用相应的体育手段。

二、体育手段的产生和发展

体育手段是在人们生产劳动、日常生活和军事活动中的一些动作的基础上发展起来的。随着社会的发展、科学的进步和体育的实践，人们的认识也在不断地深化，体育手段也得到完善和发展。

我国是世界文明古国，在创造和运用体育手段方面有悠久的历史。早在公元前四百年前，人们已创造和运用“导引”之类的手段，增进健康，治疗疾病。其他一些国家和地区也在早期创造和运用了不少体育手段，如古希腊在公元前七百多年时就出现了赛跑、投掷和角力等活动。随着现代体育的出现、群众体育的普及和运动竞赛的兴起，体育手段也在不断发展并运用得更加广泛。

三、体育手段的分类

目前广泛采用的各种体育手段,就其解决的任务来看,可以分为三类。

（一）健身类手段

这类手段是用来提高健康水平,预防和治疗某些疾病的。它的特点是动作轻缓，强度不大，形式灵活，内容要求可以因人而异。如健身操、健身跑、广播操、韵律操、太极拳、气功、五禽戏、康复体操和中老年迪斯科等。

（二）娱乐类手段

这类手段，目的是休闲，放松，获得积极性休息。多采用轻松愉快和富有趣味的身体活动，起到娱乐身心和松弛精神的作用。如钓鱼，旅游，打保龄球、台球和高尔夫球等。

（三）竞技类手段

这类手段主要是提高有机体的竞技能力，通过比赛取得优异成绩。它的特点是技术性高，竞技性强，强度大，有严格的技术规格和比赛要求。如奥运会的比赛项目，各竞技项目的技术动作以及为掌握各种技术动作所需要的专门能力的练习手段，均可列入这一类。如跳远、投篮、双杠倒立、高抬腿跑和引体向上等。

此外，还有冒险类手段。这类手段是为了锻炼胆量，满足冒险和创造奇迹的心理需要和生理需要。其形式惊险、奇特，对人的体能、技能及心理素质都有极高的要求，如单人登山和悬崖跳水等。

体育手段内容广泛，各有特点，具体作用也不尽相同。因此，在运用各种体育手段时，必须从具体的任务出发，并根据对象的特点进行选择，才能取得应有的效果。体育手段的类别归属有时是多类的，如高抬腿跑对运动员来说可以作为发展速度素质的竞技类手段来选用，也可以作为体育爱好者进行群众体育活动的健身类手段来选用。在学校体育工作中，体育手段的选择必须从少年儿童的生理和心理的基本特点出发，根据学校不同性质的体育工作的基本任务，选择合理有效的体育手段，取得增强体质的实效，全面完成学校体育工作的任务。

复习思考题

1. 什么是体育手段？
2. 举例说明体育手段的分类。

第二节　身体练习的技术分析

身体练习是指各种体育手段的具体动作。在体育教学实践中经常把身体练习称为动作。研究和运用身体练习必须了解身体练习的特点、技术结构和技术要素。

一、身体练习的特点、分类及分类的运用

（一）身体练习的特点

1. 身体练习，是在大脑皮层和中枢神经系统支配下的为发展身体、增强体质、提高运动技术水平和休闲娱乐而进行的有目的有意识的随意活动。

2. 身体练习要经过一定的身体活动才能完成，使人体承受一定的生理负荷。

3. 从事身体练习的过程，就是掌握基本活动技能和发展身体素质的过程。

（二）身体练习的分类

身体练习的分类是指按一定的标准把多种多样的身体练习，根据其性质、作用、形式以及使用的场地和器械等条件进行一定的区分与归纳。分类是为了有目的地选择运用身体练习完成体育的某种任务。

在体育实践中通常运用的分类方法如下：

1. 按基本活动能力的分类：基本活动能力是构成人体活动的各种最基本因素。按基本活动能力的分类，可以把身体练习分为走、跑、跳跃、投掷、悬垂、攀爬和负重等类的练习。

2. 按身体素质的分类：身体素质是人类在劳动和体育运动中不可缺少的基本活动能力。按身体素质分类可以把身体练习分为力量练习、速度练习、耐力练习、灵敏练习和柔韧练习等。

3. 按人体结构的分类：为了发展身体的某部位，必须按人体解剖结构选用练习。这种分类是以人体大的结构（上肢、

下肢、躯干和头颈等部位）来区别，可以将身体练习分为上肢练习、下肢练习、腰背练习、头颈练习和全身练习等。

4. 按身体练习技术结构的分类：这种分类是以各运动项目的技术特点作为分类的基础。如在竞技体操中，一般分为静力性动作和摆动动作两大类。在静力性动作中又分为悬垂、支撑以及悬垂和支撑的变换，在摆动动作中又分为前摆、后摆、屈伸动作和回环动作等。又如在篮球中分为传球、运球、投篮、抢篮板球、抢断球和防守等。

以上这些分类方法各有特点，但又是互相联系的。除此之外，还可以按照需要进行分类。如按照身体练习对解决任务意义的大小可分为基本练习和辅助练习。为了对练习的运动负荷进行研究，可以把身体练习分为大、中、小运动负荷的练习。

（三）身体练习分类的运用

有了科学分类，还必须合理运用分类的方法。

1. 以所解决的任务作为选择分类方法的前提。采用何种分类方法，必须以任务为依据。如为了发展身体能力，就要采用按身体素质分类的方法选择身体练习；为了掌握某一项目的基本技术，就要采用按身体练习技术结构的分类方法选择身体练习。

2. 结合对象的特点作为选择分类方法的依据。在小学体育教学中，高、低年级的学生在生理、心理及运动能力方面均有明显差别。低年级的教学内容的安排应以基本活动技能的分类方法为主，而高年级则要相应突出身体素质和技术结构分类的方法，使高年级学生能掌握一定的运动技能并具有相应的素质基础。校代表队的课余训练不仅要考虑上述两种身体素质和技术结构的分类方法，还要结合专项需要，针对学生薄弱部位，采用人体结构分类的方法选择身体练习，全面完成训练任务。

二、身体练习的技术结构

身体练习的技术结构是指动作各个组成部分的结合方式和组合顺序。掌握身体练习的技术结构对于钻研教材、选择教法和提高教学质量都有着重要意义。

（一）从身体练习的过程分析

从身体练习的过程进行分析，可分为准备阶段、主要阶段和结束阶段。

1. 准备阶段：准备阶段是为完成主要阶段动作创造最有利的条件的阶段。如跳远的助跑和百米起跑的预备姿势，都为主要动作创造了速度和身体姿势的有利条件。

2. 主要阶段：是完成主要动作的阶段，是练习的核心。练习的效果和成绩的获得主要取决于这个阶段的动作。例如单杠后摆下的主要阶段的动作是后摆，跳远主要阶段的动作是起跳和腾空。

3. 结束阶段：是完成主要阶段的动作后，使身体恢复到平衡状态的阶段。一种是使动作消极地逐步停止，如百米跑到达终点后的放松跑等；另一种是使动作积极地制动后平稳结束动作，如支撑跳跃和双杠练习的落地动作等。

在教学中要注意各个阶段动作的衔接。前一个动作完成得好坏，都会影响后一阶段动作完成的质量。如助跑速度对跳远的起跳力量和起跳角度都有很大影响，并影响腾空动作完成的质量，而腾空动作的准确程度又影响落地动作的效果。

在联合动作中，前一动作的完成就是后一动作的准备。如篮球的运球急停跳投动作过程中急停动作就是跳投动作的准备，急停动作的质量直接影响起跳投篮的动作。

在周期性的动作中，由于前一周期的结束阶段和后一周期的准备阶段紧密联系，所以一般只分为主要阶段和过渡阶段，过渡阶段实际上包括前一周期的结束阶段和后一周期的准备阶段。如后蹬跑的一个周期包括前蹬、支撑、后蹬、后摆和前摆几个环节，其中后蹬和前摆是主要阶段，后摆、支撑和前蹬是过渡阶段。过渡阶段的动作质量对主要阶段的动作质量有很大的影响，支撑、后摆动作的放松程度和前蹬动作的角度，对于后蹬动作的力量以及前摆的幅度都有着直接的影响。

（二）从身体练习的技术结构分析

可以分为技术基础和技术细节

1. 技术基础：指按一定动作顺序和节奏组成的技术基本结构。如跳箱分腿腾越由助跑、踏跳、支撑和落地四个环节组成。技术环节是指技术结构中的各个部分，是组成技术基础的小的单位。在任何技术结构中都有一个主要环节，这就是技术关键，如篮球投篮技术中的出手动作。

2. 技术细节：指完成练习时，动作各个环节技术规格上的细微要求和在不影响技术结构情况下，由于个体差异所表现出来的个人技术特点。如跳远起跳后髋、膝、踝蹬直的程度，又如原地跳起投篮技术中的球出手高低和推铅球时的出手角度等。总之，取决于各人的形态、素质和技术特点。

在体育教学中，必须按照技术结构分析中的技术基础进行练习，以掌握某一种身体练习的基本技术。而为了不断地提高动作的质量与水平,则需要不断地改进与完善技术细节。

三、身体练习的基本要素

任何一个身体练习，都具有构成该练习的基本要素。各个练习由于要素不同，从而具有各自的技术特征。身体练习的基本要素包括身体姿势、动作的轨迹、动作的时间、动作的速率、动作的速度、动作的力量和动作的节奏。研究身体练习的基本要素，对完成身体练习和提高教学质量都具有十分重要的意义。

（一）身体姿势

指身体及身体各部分在运动中各个时期所处的状态。一个完整的动作包括开始姿势、练习过程中的姿势和结束姿势。

1. 开始姿势：开始姿势是在做动作之前身体及身体某部分的准备状态。如起跑姿势和排球的接发球姿势是静力性的开始姿势，踢球的助跑是动力性的开始姿势。

任何动作的开始姿势,都应以解剖学和生物力学为依据，根据动作基本技术结构的特点，使开始姿势有利于注意力的高度集中，有利于身体处于有利的位置，有利于加大（缩小）工作距离，有利于发挥最快速度。另外，采用何种开始姿势都应考虑个人的特点。

2. 练习过程中的姿势：练习过程中的姿势是身体完成主要动作时的状态。如疾跑过程中保持的前倾姿势，挺身式跳远的空中弓箭步和空中挺身两个姿势。任何动作的练习过程姿势，都是为了减少动作阻力，提高动作效果。

3. 结束姿势：结束姿势是练习结束时身体或身体某部分所处的状态。如跳箱分腿腾越落地动作和百米跑冲刺后的减速跑，分别是静力性和动力性的结束姿势。结束姿势对提高动作质量、防止犯规和受伤有着重要意义。

（二）动作的轨迹

动作的轨迹是练习中身体或身体某部分位移的路线，包括轨迹的形式、轨迹的方向和轨迹的幅度。

1. 轨迹的形式：轨迹的形式有直线运动和曲线运动。

直线运动的方向是恒定的，如直线跑、双手快速胸前传球等。严格地讲，绝对的直线运动是不存在的。

曲线运动的方向是不断变化的，如曲线跑和两臂侧平举经体侧至上举等。曲线运动在许多情况下显示出以轴为中心的旋转形式，有些是以整个身体为轴的旋转形式，如前滚翻等；有些是以身体某部分为轴的旋转形式，如手臂绕环等。曲线运动的另一形式是抛物线运动。跳高时人体由腾空到落地和投掷项目中器械的飞行都是抛物线运动。在身体练习过程中，轨迹形式科学和合理才会使动作准确，并能有效地利用体能。

2. 轨迹的方向：轨迹的方向是指练习时身体或身体某部分运动的方向。

轨迹方向是以人体的面和轴区分的。人体有三个面，即矢状面（侧面）、额状面（正面）、水平面（横切面）。人体有三个轴，垂直于矢状面的额状轴，是左右方向的；垂直于额状面的矢状轴，是前后方向的；垂直于水平面的垂直轴，是上下方向的。因而区分出上下左右前后六个基本方向，进而还可区分出斜的方向，如左上方和右斜上方等。还有以内外确定方向的，如向内绕环等。

在教学实践中，篮球防守的左右滑步是在额状面的运动，跑百米是在矢状面的运动,向左右后转是在水平面的运动。前滚翻是围绕额状轴在矢状面的运动，侧手翻是围绕矢状轴在额状面的运动,转体 90°是围绕垂直轴在水平面的运动。在身体练习中，轨迹方向准确，可使动作更具有经济性和实效性，从而提高了动作的效果。

3. 轨迹的幅度：轨迹的幅度是指身体或身体某部分的活动范围大小。幅度是以角度来衡量的，身体某一部分的幅度是以身体和活动部位形成的角度来衡量的，如踢球时的动作幅度是踢球腿与支撑腿形成的角度。另一种情况还可以人体与器械形成的角度来衡量，如双杠支撑摆动是身体与杠面形成的角度,跑的幅度是以每步移动的距离来衡量幅度大小的。当然，跑的幅度大小不能排除身高和腿长的影响。对于不同的动作，有不同的幅度要求，只有掌握适宜的幅度才能收到良好的效果。

（三）动作的时间

动作的时间是指完成动作的时间。表现在以下两个方面。

1. 动作持续的总时间：有些运动项目是以动作延续的时间长短来确定成绩，时间越短，成绩越好，如田径的径赛项目和速度滑冰等。有些项目虽然不以时间长短确定成绩，但练习持续时间对成绩有很大影响，如乒乓球的近台快攻、抢篮板球时的抢位等都需要尽力缩短练习的持续时间。

2. 动作各部分的延续时间：为缩短动作持续的总时间，通常以改变各部分动作时间为前提。如百米跑的速度的提高是以起跑、途中跑和冲刺跑三个部分的速度提高为前提的。

（四）动作的速率

动作的速率是指单位时间内动作重复的次数，又称频率，如在规定的时间里按同一规格做原地高抬腿的次数等。速率是移动速度的重要条件，在动作幅度不变的条件下，速率越快速度就越快。如跑、滑冰、游泳等周期性运动项目，动作的速率对速度起着重要的作用。

（五）动作的速度

动作的速度是指身体或身体某部分位移的快慢。通常以移动的距离、幅度与时间的比例来表示。各种动作对速度的要求是不尽相同的，有的要求慢速，如起跑的“各就位”和“预备”姿势；有的要求快速，如跳跃的起跳。因此要根据动作的特点确定适宜的速度。

（六）动作的力量

动作的力量是指身体或身体某部分完成练习时肌肉紧张的程度。人体的运动，是由于肌肉收缩引起人体内力和外力相互作用和相互影响的结果，而内力起着决定作用。

1. 内力：内力是人体各部分相互作用下产生的力，包括肌肉的拉力、组织器官的阻力和动作过程中身体各部分相互作用的力。

肌肉拉力是人体运动的内力中最主要的力，是通过肌肉收缩产生的力来完成的。组织器官的阻力包括骨骼、关节、韧带和对抗肌产生的阻力。动作过程中身体各部分的相互作用力表现如手臂的摆动对跑的速度的影响。

2. 外力：外力是在动作过程中，外界作用于人体的力。外力包括人体的重力、支撑反作用力、摩擦力和外界环境的阻力。

人体的重力是地心吸引作用于人体的力。支撑反作用力是人体给支撑点以作用力时，支点便在同一直线上产生大小相等、方向相反的反作用力。如在跑动时后蹬的动作会产生支撑反作用力。摩擦力是人体运动时，身体与地面或器械接触所产生的力。外界环境阻力是空气、水、器械对人体运动产生的阻力与惯力。

内力和外力必须在一定条件下有机地结合在一起，才能使人体进行各种运动。力量的大小或适当与否直接影响动作效果。

（七）动作的节奏

动作的节奏是指完成动作时用力的大小、时间间隔的长短、动作幅度的大小和动作快慢等因素的有机配合。节奏是一个综合性的因素，如游泳时手腿动作与呼吸的配合都有一定的顺序、时间和间隔及强弱的关系，不论游得快慢都应保持这种关系。又如跑的动作和打篮球时“三步上篮”都存在着动作快慢、用力强弱和紧张放松的交替，体现了动作的节奏。

按照一定的节奏进行练习，能使身体的运动器官与内脏器官的机能协调一致。使身体的各部分肌肉的紧张和放松、工作和休息合理交替，从而使动作更加准确和协调，形成动力定型。

各要素在任何动作中是普遍存在的，相互联系，相互影响。如动作的速度就受到动作轨迹、力量和速率的影响。在不同的动作中，各要素的作用不同。在学习动作的不同阶段，各要素的地位也是不断变化的。因此，应准确地掌握各阶段存在的主要问题，并予以解决，从而提高动作的效果。如在学习跳远的过程中，首先应注重解决的是助跑、起跳、腾空和落地的基本动作即身体姿势,然后才能去解决助跑的速度、起跳的力量和腾空的角度，最后再解决整个动作的节奏。

运用生物力学的基本原理对身体练习的技术要素进行分析，可以看出所有的动作都是在一定的空间里和时间里进行的，不但具有运动学特征，而且还具有动力学特征和综合性的节奏特征。身体姿势和动作轨迹，主要表现了练习在空间的形式，反映了练习的空间特征；动作时间和动作速率表现了练习的时间过程，反映了练习的时间特征；动作速度表明练习是在一定空间与时间进行的，因而反映了练习的时间和空间特征。空间特征和时间特征称为运动学特征，动作力量反映练习的动力学特征，动作的节奏是练习的空间、时间和力量相互结合，体现了练习的运动学特征和动力学特征，呈现出综合性特征（图1）。

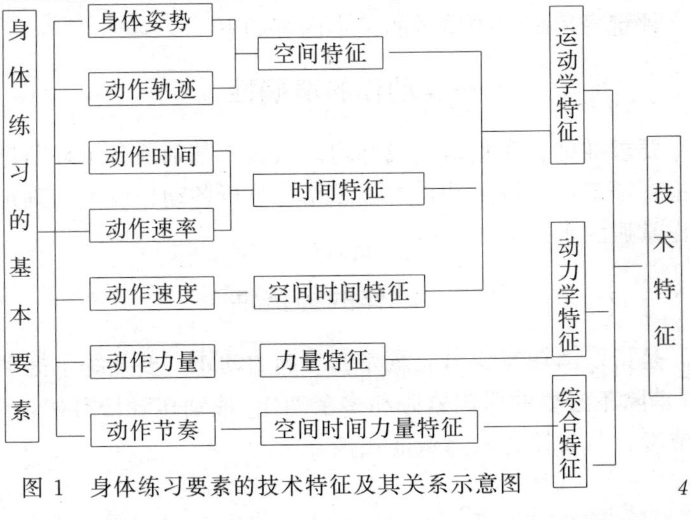

图1　身体练习要素的技术特征及其关系示意图

复习思考题

1. 什么是身体练习？身体练习有什么特点？

2. 身体练习的分类方法有几种？在教学中如何运用这些分类方法？

3. 分析一个身体练习的技术结构。

4. 分析一个身体练习各技术要素是如何体现的。

5. 举例说明围绕三个轴和在三个面运动的身体练习（各举一例）。

6. 为提高学生的跑速，如何通过分析各技术要素来选择身体练习？

第三节 身体练习的质量评定

评定身体练习的质量，对提高教学质量有着重要的意义。评定身体练习的质量的基本内容如下：

一、动作的准确性

要求准确、完整地完成练习。从技术基础的各个环节进行检查评定，并按照动作的技术结构分析各动作要素，确定动作掌握的水平。

二、动作的经济性

是指以消耗最少的能量完成准确的动作。要熟练掌握动作，消除不必要的肌肉紧张和多余动作，使动作轻松自如，富有节奏，节省体力，降低能量消耗。

三、动作的协调性

是指在练习中身体各部分协调配合，动作顺序合理，动作要素协调配合。动作的协调性、动作的经济性和准确性有密切的关系，协调性是动作经济性的重要条件，动作不协调就难以准确地完成动作。

四、动作的缓冲性

是指动作的缓冲与弹性。在跑和跳时，动作的缓冲性表现为动作的弹性。动作的缓冲性既体现了动作的合理性和正确性，又可以有效地防止运动损伤。

复习思考题

评定身体练习质量的基本内容是什么？

第二篇
基础理论

第四章　体育课教学理论

第一节　体育课教学任务

一、体育课教学

体育课教学是实现学校体育目标的途径之一。体育课教学是在教师的指导和学生的参加下，按照体育教学大纲和体育教学工作计划，由教师指导学生掌握体育和卫生保健知识、基本的运动技术和技能，增强学生体质，培养良好的思想、道德和意志品质的一种有组织的教育过程。

二、体育课教学的特点

体育课教学有以下三个特点：

（一）体育课教学过程中，学生要进行各种身体练习，承受一定的生理负荷，从而促进学生身体的新陈代谢，提高机体的机能水平。

（二）体育课教学过程中，学生通过有机体活动与思维活动的紧密结合，经过反复的身体练习达到掌握体育与卫生保健知识、基本的运动技术和技能以及增强体质的目的，是集身体活动、心理活动和情绪体验于同一过程，并运用多种学科知识的复杂过程。

（三）体育课教学过程中，学生活动的范围大，容易受到外界环境的干扰，并且使用多种运动器材，学生之间既有联系协作又有对抗，还存在着身体发育水平、体育基础水平和心理特征方面的差异，因此，体育课教学过程应有周密的计划、完善的组织以及良好的人际环境。

三、体育课教学任务

（一）全面锻炼学生的身体

促进学生身体的正常生长发育，培养学生的正确体态，促进学生身体机能、身体素质和基本活动能力的全面发展，增强学生对自然环境的适应能力，并注意提高学生心理健康水平。

（二）掌握有关的体育和卫生保健基本知识、基本运动技术和技能

学习锻炼身体的基本技能和简单的运动技术，初步懂得科学锻炼身体和体育保健娱乐的方法，初步养成锻炼身体的习惯。

（三）向学生进行共产主义思想品德教育，促进学生个性的全面健康发展

教育学生热爱党，热爱祖国；培养勇敢顽强、团结协作的精神和遵守纪律的作风；发展学生的个性，陶冶美的情操。

上述体育课教学的三项任务是相互联系、相互依存的整体。全面锻炼身体反映了体育课的基本要求和进行教学的所必需的身体基础，掌握体育和保健的基本知识、技术和技能

的目的，是使学生懂得并掌握锻炼身体的基本原理和科学方法，同时发展学生的智力。思想品德教育是培养有理想、有道德、有文化、有纪律的社会主义接班人的需要，也是实现体育课教学任务的基本保证。因此，必须从掌握体育的基本知识、技术和技能入手，从学生的身心发展着眼，将两个方面的任务辩证地统一起来，将思想教育工作贯穿于整个教学过程中。总之，体育课教学的三项任务必须全面贯彻，但在教学的不同阶段，针对不同的教学对象，亦可有所侧重。

复习思考题

1. 什么是体育课教学？

2. 体育课教学的特点是什么？掌握这些特点对体育课教学有何意义？

3. 体育课教学的任务是什么？怎样理解各项任务之间的关系？

第二节　体育课教学内容

教材建设是教学的一项基本建设，直接关系到人才培养的质量，是实现学校体育课教学任务的前提。

规定学校体育课教材的主要文件是体育教学大纲。大纲是指导体育课教学的基本文件。它指明了学校体育课教学的方向，规定了教材的范围、体系和对教学的基本要求，是编写体育教材和教师进行教学的依据，也是考核和评价体育课教学质量的依据，还是教育行政部门对体育课教学进行宏观管理的依据。

一、体育课教学大纲的结构

教学大纲一般由说明、教材纲要、考核项目和标准组成。

（一）大纲说明

大纲说明部分包括：

1. 体育课教学任务。
2. 编选教材的原则。
3. 各项教材的时数分配。
4. 对教学工作的基本要求。

（二）教材纲要

教材纲要是大纲的主体部分，它简明地规定了教材的内容。

小学体育教学大纲大都采用按年级编排教材的形式。按年级编排，有利于根据教学的基本任务，结合各年级学生的年龄特征，合理地安排教材，以保证指导思想在各年级中得到贯彻和体现。

此外，还可以按两个相邻的年级编排教材，或按学段（低年级、中年级和高年级）安排各类教材。无论如何编排，都要处理好各类教材纵的系统和横的关系。

（三）考核项目和标准

这部分规定了各年级体育课成绩考核的办法和考核的内容及评分标准。

二、选编教材的原则

选编教材的原则是根据社会需要、体育课教学的任务、教学对象的特点和实施教学的具体条件确定的。一般应遵循以下原则：

（一）教育性原则

根据社会需要，从教书育人出发，有利于学生的学习、生活、工作和终身体育锻炼；有利于提高学生的文明修养，培养爱国主义思想和优良品德、进取精神和创造性；促进学生德、智、体、美、劳全面发展，成为有理想、有道德、有文化、有纪律的社会主义建设者和接班人。

（二）健身性原则

各项教材必须有增强体质的实效，要全面发展身体活动能力和身体素质。为此，既要选择有较高锻炼价值、适合年龄特点和开展普遍又方便教学的运动项目为教材，又要选择简单易行、有显著健身效果的身体素质练习为教材。

（三）科学性原则

教材的难易，各项教材的比重，安排顺序和定量要求，都应符合学生生长发育的规律和心理特征。还要符合学生的认识规律。保证教材的系统性、渐进性、全面性和多样性。

（四）理论和实践相结合的原则

体育教材应适当增加理论教材，改变单纯组织学生进行身体练习的传统观念和习惯，使学生比较系统地掌握体育和卫生保健知识。这是提高体育课文化价值的需要，也是学生进行科学锻炼和终身体育的需要，以及推行全民健身战略的需要。

（五）统一性和灵活性相结合的原则

我国各地区的自然地理和气候条件差别很大，经济文化和学校体育发展很不平衡，学生的体质也有一定差异。因此，要从地区的实际情况出发，使教材切实可行。现行教材中的基本教材和选用教材，体现了统一性和灵活性的结合。

（六）全面性和兴趣性原则

小学阶段，应当用多种多样的体育教材内容和教学方法，全面锻炼学生的身体，培养正确的身体姿态，促进身体的正常发育。教材内容要丰富，受到学生们喜欢，这样才能激发学生的学习兴趣，发挥他们学习的主动性和积极性。

（七）现代体育项目与民族传统体育相结合的原则

为建立有中国特色的体育教材体系，既要吸收各国普遍采用的教材，如广泛开展的运动项目游戏、舞蹈、健美活动以及田径、球类、技巧、器械体操等，又要继承我国民族传统项目，如武术，它是广大群众喜闻乐见的体育形式，具有独特的锻炼价值和教育作用。所以应在教材中加强武术内容，充实传统养生保健知识、健身术以及民族舞蹈。

三、小学体育课教材内容

我国小学体育课教材内容分为基本教材和选用教材两种。

（一）基本教材

基本教材包括以下内容：

1. 体育和保健基本知识

（1）体育的基本理论知识，如我国体育的目的、任务和成就，体育运动的意义和功能等。

（2）人体运动生理、保健和卫生知识，体育锻炼对增强体质的作用，促进身心发展的科学原理，体质测量评价，运动外伤急救等。

（3）各项运动和锻炼身体的知识，如某项运动的特点、技术理论、练习方法、规则和安全要求，以及健美方法和运动处方等。

目前小学体育教材及体育课本为体育保健基础知识课提供了适宜的教学内容。

2. 身体锻炼的实践教材

（1）基本动作：这是小学低年级的主要教材，其中包括走、跑、跳、投、攀爬、平衡、悬垂和支撑等人体的基本动作。

（2）游戏：这是小学生最喜爱的教学内容。不同类型的游戏不仅可以全面锻炼身体，而且有助于发展学生的智力，培养互相合作和遵守规则等优良品质。

（3）唱游与韵律活动：小学一二年级开设唱游课，把唱歌和游戏结合起来，是促进儿童身心发展的良好手段和方法。三至六年级的韵律活动包括律动、歌舞和韵律体操的基本动作和组合等。这类教材对锻炼身体和陶冶情操具有重要意义。

（4）基本体操：这部分教材内容丰富，锻炼效果好，对培养小学生正确的身体姿态和健美的体格具有重要的作用。

练习内容包括队列、队形练习，徒手体操，器械体操等。

（5）田径：这是四至六年级的主要教材。根据小学生的年龄特点只开设跑、跳、投的少数项目。还包括发展身体素质和基本活动能力的内容及田径教材的辅助教材和诱导性练习。

（6）技巧和器械体操：这是三至六年级的重点教材。它对发展学生的灵敏、协调、柔韧和力量等身体素质有重要作用。器械体操的重点是跳箱和低单杠。

（7）小球类：从五年级开始安排小篮球、小足球、小排球和小手球等。在开设中不过分强调球类的技术，而是以球类游戏为主，使学生熟悉球性，锻炼身体，学习一些简单的基本技术。

（8）武术：是三至六年级的基本教材之一，包括武术操和简单的武术套路等。

（9）游泳：这是锻炼身体价值大、实用性强并深受学生欢迎的教材。可根据教学条件，酌情开设，也可以作为选用教材。

（二）选用教材

选用教材可以根据选编教材的原则，结合本地区的实际情况，自行编选。

复习思考题

1. 怎样理解体育课教材的编选原则？
2. 小学体育课教材主要内容是什么？

第三节　体育课教学规律和原则

一、体育课教学应遵循的规律

体育课教学应根据体育课教学的特点，在教学过程中以辩证唯物主义为指导，遵循认识事物的一般规律、动作技能形成的规律和人体生理机能活动能力的变化规律，还要了解少年儿童生理、心理方面的年龄特征。

（一）认识事物的一般规律

认识任何事物的过程，首先是从对事物的感性知觉开始，通过感觉器官获得丰富的感性材料，然后进行抽象的思维，透过外表现象深入到事物的本质，揭示事物的发展规律。马克思主义者把这一过程概括为“从生动的直观到抽象的思维，并从抽象的思维到实践，这就是认识真理认识客观世界的辩证途径”。也就是说“实践——认识——再实践——再认识”，如此循环往复，逐渐提高。这就是认识事物的一般规律。

在体育课教学中，学生学习掌握体育知识和技能的过程，就是认识客观世界的过程，体现为感知教材、理解教材、巩固知识、运用知识几个阶段。学生是从感知前人总结的教材开始，通过思维对教材进行理解、巩固和运用。因此，知识的掌握是通过对知识的领会（包括感知教材和理解教材）、知识的巩固和知识的运用三个相互联系又相对独立的阶段来实现的。体育课教学中具体体现为：动作表象的形成（领会的感性阶段），动作概念的掌握（领会的理性阶段），技能的形成、巩固与运用（身体素质的发展和体质的增强及技能的掌握）等几个相互紧密联系的阶段。在教学中，学生理解体育知识与掌握技能是紧密联系的，教师的讲解和示范帮助学生建立正确的动作形象，学生通过观察和实际练习，掌握动作技能这一认识过程（图 2）。

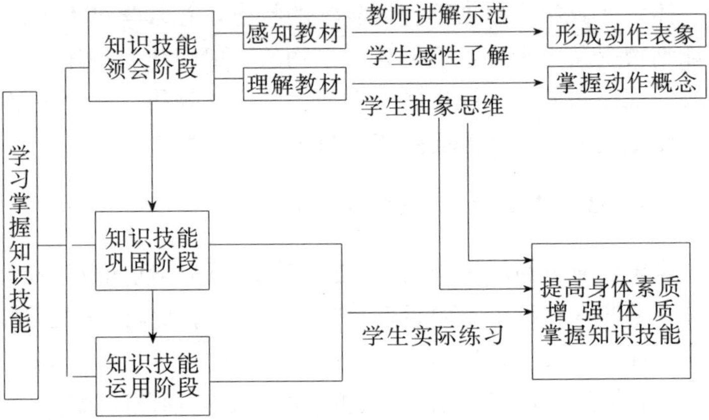

图 2　学习掌握体育知识和技能的认识过程框图

（二）动作技能形成的规律

详见第九章第一节动作技能教学。

（三）人体生理机能活动能力的变化规律

在体育课教学中，要组织学生进行反复的练习，学生在反复练习中，生理机能活动能力就会发生变化，这种变化是有一定规律的。一般是在练习的开始时，机能活动能力逐渐上升，然后达到并在一定时间内保持最高水平，最后又逐渐下降。由于学生的年龄特征、健康状况和训练水平，教材的性质、教学的组织与教法，以及气候条件等不同，所以机能能力上升阶段所需的时间、上升的坡度和达到最高阶段的程度、延续的时间，以及承担急剧变化的负荷量的能力均有所不同。

人的身体生长发育的年龄特征不同，机能活动能力的特点也不同。少年儿童机能活动能力的特点，一般是上升时间短而快，最高阶段延续时间较短，承担急剧变化的负荷量的能力较低；青壮年的机能活动能力是最旺盛的阶段，壮年以后，随着年龄增长，机能活动能力又将逐渐下降。

随着训练水平的提高，机能活动能力上升阶段的时间可以缩短，保持最高水平阶段的时间可以延长，承担大强度的和急剧变化的负荷量的能力也会提高。

在体育课教学中，人体生理机能活动能力的变化规律就是确定体育课基本结构的主要依据，体育课的准备、基本和结束三个部分与人体生理机能活动能力的上升、保持和下降的基本规律有着紧密的联系。

（四）学生的年龄特征与体育课教学

少年儿童的年龄特征是指不同年龄阶段的少年儿童在身心发展方面表现出来的带有规律性的特征。身体发展方面主要是指身体的正常发育、身体素质和基本活动能力的发展水平；心理发展方面主要是指认识能力的发展，个性心理特征和思想品德的形成。在学校体育课教学过程中，只有掌握了不同阶段学生的年龄特征，正确地处理教材和组织教法，才会收到教学的预期效果。

1. 学生生长发育的年龄特征与体育课教学：小学生处于7～12岁的年龄阶段。小学后期进入了快速生长期，女生尤为明显。因此，要加强合理的体育锻炼，加速造骨过程，给肌肉供应养料，促进骨骼肌肉的快速生长。少年儿童时期骨化尚未完成，骨骼柔软，容易变形，所以在教学中要防止过度疲劳，避免练习时间过长、强度过大、做一些较大负荷的力量练习和静力性力量练习。力求教学内容和方法的多样性，全面发展学生的身体。还应注意培养学生的正确身体姿态，促进正常生长发育。根据少年儿童肺活量小的基本特点，要让学生学会正确的呼吸方法，并在教学中做一些有氧耐力练习，发展心肺功能，促进胸廓的正常发育。

2. 学生身体素质的年龄特征与体育课教学：在人的生长发育过程中，身体素质的发展具有一定的阶段性，大致可以分为快速增长期、缓慢增长期、稳定和下降期。身体素质增长最快的时期为身体素质的“敏感发展期”在这个时期，学生的可塑性最大，锻炼效果最佳。由于各项运动素质的“敏感发展期”大都在13～15岁以前，这就要求在小学阶段，抓紧发展学生的素质，其中柔韧、速度、爆发力、灵敏和耐力素质，以及空间定向和平衡能力在这个时期都会得到很好的发展，尤其是柔韧和灵敏素质，在这个阶段发展最快。另外，女孩在11～12岁发展快速力量和克服自身体重的臂力练习的效果也极为显著。在小学阶段，男女生在灵敏和柔韧方面，女生优于男生；在力量和耐力方面，男生优于女生。因此，在教学中还应体现出区别对待。

3. 学生心理发展的年龄特征与体育课教学：处于小学阶段的少年儿童，在诸多的心理特征方面有着本年龄阶段的明显特征。小学生的学习动机是直接与锻炼活动本身相联系的，如小学生对竞赛和游戏感兴趣，男生对表现体力、机敏和对抗的球类项目感兴趣，女生对优美协调的韵律操和舞蹈感兴趣。因此，除了培养学生与社会意义相联系的动机外，还应在选择教学内容时注意了解和掌握学生的爱好与兴趣，以提高教学效果。少年儿童的又一心理特点是直观和形象记忆比逻辑记忆发达，善于模仿，思维记忆具有较大的形象性。因此，教师在教学过程中要注意运用形象的语言进行讲解，用准确的动作进行示范，帮助学生建立正确的动作形象、概念和肌肉感觉。在这个时期，少年儿童在情绪上存在易感性，遇到挫折易产生消极情绪，应及时恰当地给予鼓励，尽量避免学生不必要的情绪波动，并注意选择适合学生水平的教材。另外，意志力差、注意力易分散和过高地估计自己的力量也是少年儿童的显著心理特点，应在教学过程中运用生动的讲解、准确的示范、丰富的内容和多样的教法来吸引学生的注意力，并运用集中注意力的专门游戏来培养学生集中注意力的习惯与能力。注意加强保护与帮助，进行安全教育和思想教育，避免出现伤害事故，使学生全身心地投入到教学活动中。

二、体育课教学应遵循的原则

体育课教学原则是体育教学工作必须遵循的基本要求和指导准则。它是长期的体育教学实践经验的总结和概括，是体育教学过程客观规律的反映。

体育课的教学组织过程，集中地体现了体育教学的原则。因此，体育课必须遵循 体育教学原则。正确地理解和贯彻体育教学原则，对明确教学目的，选择和安排教学内容，正确地运用教学方法，提高教学效果，加速教学进程，更好地完成教学任务，具有重要的意义。

在体育课教学中应贯彻执行的原则有：

教师主导作用与学生自觉积极性相结合的原则，增强体质与促进全面发展相结合的原则，直观、思维与实践相结合的原则，系统性与突出重点相结合的原则，合理安排运动负荷与休息的原则，统一要求与区别对待相结合的原则，巩固与提高相结合的原则。

（一）教师主导作用与学生自觉积极性相结合的原则

1. 教师主导作用与学生自觉积极性相结合的原则的概念：在体育课教学中，同时发挥教师和学生双方的积极性，在教师的引导下，使学生自觉积极地完成学习任务。

在体育教学中，教师主导作用的实质在于调动学生的主动性和积极性。教师的主导作用是完成教学任务的关键。然而内因是变化的根据，学生的学习是一种积极主动的和靠内因起作用的发展变化过程。只有发挥学生的内因作用即主体作用，才能圆满地和高质量地完成各项学习任务。因此，教师的主导作用与学生的自觉积极性有机地结合起来是提高教学质量的根本条件。

2. 贯彻教师主导作用与学生自觉积极性相结合原则的基本要求：

(1) 使学生具有明确的学习目的，端正学习态度。教育学生明确体育课教学的作用并与社会的发展和自身的需求联系起来。社会需要德智体全面发展的人才，体育课教学对促进学生身体的生长发育，形成良好的身体姿态，有效地提高智力水平等均具有不可替代的作用，使学生明确每项教材的意义、作用和方法，可以有效地提高学生学习的动力和效果。平时还要注意加强对学生的勇敢、顽强、刻苦和遵守纪律等优良品质的培养，使其具有克服在身体练习中遇到的困难的品质基础，以保证学生能积极主动地进行学习，在教师的指导下圆满完成学习任务。

（2）教师应做到教书育人，为人师表。教师的言行举止应堪称学生的楷模。应做到高度敬业，德高望重，学识渊博，技术全面。要言传身教，身体力行。充分发挥教师在教学过程中的感召力与凝聚力。

（3）教师努力提高教学的艺术性和启发性。教学的艺术性可谓教学的技巧。无论是内容的确定、方法的选择还是场地的设置，都会对学生的兴趣和参与意识产生不同的影响。教学过程中的启发诱导，是师生信息传递的最佳形式。要使学生全身心地投入到体育课教学过程中。

（4）强调教学实施过程的可行性。在选择教学内容、方法和制定考评标准时，要以保护和激发学生的学习热情为宗旨。难度过大的内容和要求过高的标准，会使学生可望而不可即，从而产生消极的后果，所以应从学生的实际出发，有效地激发学生的学习积极性。

（二）增强体质与促进全面发展相结合的原则

1. 增强体质与促进全面发展相结合的原则的概念：在体育课教学中，在增强学生体质的基础上，促进学生在身体、智力、心理和能力诸方面都得到发展。

增强学生体质和提高健康水平，应使学生身体的各个部位、各种活动能力、身体素质及生理机能得到均衡协调的发展，精力充沛地完成各方面的学习任务，并在心理、审美和人际交往等各方面使学生能够得到良好的发展，以适应社会主义现代化建设的需要。这在一定程度上满足了学生自身全面发展的需要，也充分地体现了体育的多种功能。

2. 贯彻增强体质与促进全面发展相结合原则的基本要

求：

（1）制定各种体育教学工作计划时要注意各类教材的搭配，以利于学生的全面发展。根据大纲要求制定全年教学工作计划和教学进度时，必须从学生身心发展的诸方面，全面考虑安排教学内容。

教案的编写是实现学生身心全面发展的最基础的环节。在准备活动中，应全面活动学生身体的各个部位，进行舒展、柔韧、用力和跳跃等各种性质的练习，并注意激发学生的学习情绪。在进行基本教材学习时，首先要使教材的安排促进不同部位的活动，使不同身体素质得到发展。在课课练的身体素质练习中，应注意弥补基本教材对身体全面发展的不足，如跳远教材可以安排双足跳或起跳脚异侧脚的跳跃练习，也可以安排与跳跃不同的其他素质的练习。

（2）考核项目要全面搭配，推动和保证学生全面锻炼身体。

（3）把促进学生的全面发展作为评价课的教学质量的重要标准，促进学生的身心健康。

（4）加强思想教育，克服单纯从兴趣出发，不重视全面锻炼的倾向。

（三）直观、思维与实践相结合的原则

1. 直观、思维与实践相结合原则的概念：在体育课教学过程中，要充分利用各种直观方式，发挥学生各种感官的作用。启发学生积极思维，并认真进行身体练习。使学生掌握体育卫生保健知识、技术和技能，完成学习任务。

任何知识的来源，在于人的肉体感官对于客观外界的感觉。在体育教学中首先必须使学生感知所学的动作，即教师

通过动作示范、挂图和演示模型等直观方式，作用于学生的视、听、本体感觉器官，帮助学生了解动作的形象、结构和技术要素。然后经过积极形象的思维和身体练习，才能推动教学向前发展，从而完成认识到掌握的过程。

2. 贯彻直观、思维和实践相结合原则的基本要求：

（1）广泛运用各种直观方式，加强直观的目的性，注意选择运用直观方式的适当时机和位置。首先应了解教学中运用的主要直观方式，每种直观方式在学习掌握运动技术过程中的作用，并了解如何去运用才能取得好的效果。如在学习新动作时，必须以完整和准确的动作示范使学生建立正确的动作表象，并以最合理的方向和位置向学生展示示范动作。为了改进和提高跳远起跳角度的准确性，可以运用定向直观方法要求学生起跳跃过一定高度的皮筋。

（2）启发学生在体育课教学中进行积极思维。积极的思维是大脑对感知的事物的改造过程，最终形成正确的动作概念。而形象的思维完成动作的过程对于实践练习有明显的促进作用，也有助于提高发现问题和解决问题的能力。

（3）在进行身体练习的实践 过程中，注意突出肌肉本体感觉的直观作用。在按照完成动作的要领进行身体练习时，运用肌肉本体感觉的直观作用可以有效地强化正确完成动作时肌肉的本体感觉。如支撑高抬腿，可以借助支撑阻力作用，体会蹬摆配合的感觉。

（四）系统性与突出重点相结合的原则

1. 系统性与突出重点相结合原则的概念：体育课教学内容应由易到难，教学方法和教学组织要由简到繁，运动负荷要由小到大、循序渐进地发展。在此基础上突出重要内容和环节。

人对客观事物的认识由低级向高级发展，动作技能的形成是一个渐变的过程，学生的生长发育和体质的增强也是有序地变化。因此，教学内容的确定、教学方法的选择和运动负荷的变化等都应是逐步地加大难度。然而上述各方面的情况又不是按一种固定的速度发展的，因此，必须按照事物发展的客观规律，既要循序渐进又要有所侧重，这样才会收到理想的效果。

2．贯彻系统性与突出重点相结合原则的基本要求：

（1）教师要提高文化素养和体育知识水平。教师要深刻把握教学的系统性，必须努力学习和提高自身的文化知识水平，了解学生的生理和心理特征，使教材内容的难度与其符合；要了解各教材本身的系统性，使教法的运用适当；还要了解教材之间的关系，使教材之间有机协调。

（2）制定计划要考虑教材的纵横关系。制定各类教学工作计划时，必须体现出教材的渐进性，如学习短跑后再学习跳远。这样，不仅在技术上是由易到难，逐步提高了难度，而且从素质转移和技能转移的理论来分析，前一个教材都为后一个教材奠定了基础。教材的横向关系也是如此，如跳箱分腿腾越作为体操教材在田径教材进行了一定的跑跳教材学习后再学习，效果会更好。

（3）安排教学内容和组织教法要由易到难，逐步提高。在每项教材的学习过程中，必须遵从学生的认识规律和技能形成规律，由易到难地进行学习。如学习前滚翻，可先让学生体会团身滚动的动作，然后再在帮助下做斜坡前滚翻，垫面的坡度和老师的助力与提示都大大降低了练习的难度。最后再过渡到独立完成前滚翻。

（4）运动负荷要有节奏地逐步加大。教学过程中，由于机体对运动负荷有一个逐步适应的过程，所以运动负荷应呈现波浪式或台阶式的提高。

（5）注意突出重点教学内容。重点教学内容一般是指考查项目。通过适当增加教学时数保证重点教材的教学质量。

（五）合理安排运动负荷与休息的原则

1．合理安排运动负荷与休息原则的概念：在体育课教学中要使学生承受适当的生理负荷和心理负荷，并使负荷与休息合理交替，高质量地完成教学任务。

体育课教学是在科学理论指导下进行的一种有序活动，生理与心理负荷高低起伏，波浪式地发展，负荷过程中还要伴有必要的间歇，使负荷与休息合理地交替，才能有效地提高机体的适应能力，消除疲劳，提高学习效率。必要的休息不仅具有使能源物质及时得到补充的生理功能，而且能够促进师生间教学信息和情感信息的及时传递，促进和提高教学效果。

2．贯彻合理安排运动负荷与休息原则的基本要求：

（1）编写教案要写出运动负荷的量和强度，写明休息的方式和要求。运动负荷是指体育课教学过程中学生的生理负担和心理负担。决定运动负荷中生理负荷大小的主要因素是负荷量和负荷强度，负荷量是指完成练习的次数、组数、时间、距离、负重量和数量（练习的总距离和总重量）；负荷强度是完成练习时所用力量的大小和机体的紧张程度，包括练习的速度、练习的负重量、练习的高度、练习的远度和练习的密度。有时完成动作的质量也会对动作过程的运动负荷有一定的影响。在教案上明确负荷量和负荷强度的要求，促进了教学过程对运动负荷的有效控制，多样适宜的休息方式可以进一步提高体育课的教学效果。

（2）安排运动负荷要考虑教学任务、教材性质和学生特点。不同的任务，不同的教材，对水平各异的学生安排运动负荷时应有所区别。以复习提高为主的课比新授课学习新的技术动作的运动负荷要大些，田径的跑跳教材比体操的技巧教材负荷要大些，对年级不同、体育基础不同和身体素质发展水平不同的学生，在安排运动负荷时应有一定的差异。

（3）正确处理运动负荷的量和强度的关系。量和强度一般来说是成反比关系的。强度最大的负荷只能保持较短的时间，如百米全速跑不宜次数过多。量大的练习只能采用较小的强度，如耐力跑应强度较小。对小学生来说，保持适中的强度，采用较大的量是适宜的。

（4）善于处理运动负荷的表面数据和内部数据的关系。表面数据是指身体练习的量和强度，内部数据是指身体练习使体内生理指标变化测得的数据，如心率和血压等。同样的量和强度，对不同水平和年龄的学生影响作用是不同的，因此应因人而异地评定运动负荷的大小，在教学中对各类学生提出不同的负荷要求。在机能能力产生适应以后，可以提出进一步的负荷要求，使机体再产生新的适应提高。

（5）教学中应波浪式地有节奏地加大运动负荷，并科学地安排休息时间和方式。机体能力提高是一个长期的过程，取决于运动负荷的合理安排，只有机体逐步适应了原有负荷才能提出新的负荷要求。休息有积极休息和消极休息两种。教学中由于器械条件和人数的限制，应以积极休息为主，进行放松走、慢跑和相关素质的练习等内容，并以休息是否合理作为评定课的质量的标准之一。

（6）安排心理负荷与生理负荷要相互配合、相互调剂和相互补充。在教学过程中，学生对生理负荷的承受力受到情绪、注意和意志等主要心理特征的影响，对于以上心理素质的合理调动、培养和运用会有效地提高生理负荷的承受力。

（六）统一要求与区别对待相结合的原则

1. 统一要求与区别对待相结合原则的概念：在体育课教学中，根据学生的总体水平，制定教学任务和目标，选择教学方法、手段和安排运动负荷，并对特殊的学生实行区别对待，使教学取得良好的效果。

体育教学要面向全体学生，为保证统一的质量，就要有统一的计划、标准和要求。统一是根据学生的一般情况制定的，但学生个体之间存在一定的差异，应当区别对待。只有将统一要求和区别对待相结合，才能真正做到面向全体学生。我国体育课教学中大纲是统一的，由于地区有差异，不同条件的地区和单位必须从实际情况出发，采用不同的要求和措施。

2. 贯彻统一要求与区别对待相结合原则的基本要求：

（1）在国家的统一领导下给地方一定的自主权，体现地区、学校在地理位置、师资条件和体育设施等方面的差异。

（2）深入调查研究，充分了解地区、单位和学生的实际情况。根据地区和单位的具体情况，对教材内容进行适度的调整以适应具体情况的需要。对于学生的兴趣爱好、思想品德、体育基础、身体状况、接受能力和组织纪律性等均应全面掌握，作为提出各种教学要求的具体依据。

（3）针对实际情况确定教学任务，选择和安排教学内容、组织教法与运动负荷。在教学过程中如果任务要求过高，教学内容过难，超越了学生的实际能力和接受水平，不仅难以完成教学任务，还会造成伤害事故。如果要求过低，也会影响学生的学习兴趣。从实际出发确定的目标和要求，对教师努力提高教学技巧和调动学生学习的自觉积极性都有推动作用。

（4）教师备课、上课、考核与评定体育课成绩时应体现区别对待。在教学过程的各个环节，从备课、编写教案到教法和运动负荷的安排，都应做到因材施教。如对不同水平的学生，其运动负荷的大小应有所区别。在学习过程中，对掌握动作较好的学生可以提出改进提高的要求，对掌握动作较差的学生则应加强保护帮助或进行辅助诱导练习。尤其是教学过程中的思想教育工作，更要具有针对性地进行批评与鼓励，提高学生的自信心和自觉性。

（七）巩固与提高相结合的原则

1．巩固与提高相结合原则的概念：在体育课教学中，使学生经常复习巩固所学的知识、技术和技能，并且不断提高健康水平、体育能力和思想品质。

为防止学生在练习中建立的条件反射因中断练习而消退，使机体在反复练习中不断产生新的适应，不断提高运动能力、身体素质和生理机能，取得增强体质的实效，并能熟练地运用所学的知识、技术和技能，必须经常地复习、巩固和提高。

2．贯彻巩固与提高相结合原则的基本要求：

(1)使学生及时准确地了解动作技术和技能的正确概念、要领和方法，建立完整和正确的动作表象。

（2）在教学中增加练习次数，加大练习密度。通过反复练习，纠正动作中的错误，不断巩固所学动作，不断提高技术水平、身体素质水平和体育能力。

（3）对学生不断提出教学的新的目标和要求。反复练习不是机械地重复，而是以新的目标要求激发学生的学习兴趣和进取动机。教学要求要有变化，例如头手倒立可以从帮助下完成要求独立完成，最后要求静止3秒至5秒甚至比比看谁静止的时间最长。

（4）通过提问、考核、竞赛和作业，进行巩固和提高。提问和考核能及时了解学生学习的情况和及时改进教学，并能推动学生集中复习，巩固提高所学动作。由于竞赛是在变化复杂和竞争激烈的条件下进行，对巩固提高技术水平、发展身体和培养共产主义道德品质有很大作用。在课堂教学的基础上，布置一定的课外作业，对巩固提高动作技能和发展身体是不可缺少的重要环节。

上述各教学原则是相互联系和相互制约的，全面正确地贯彻执行才能全面提高教学质量。随着体育课教学实践的发展，教学经验的积累，以及教学研究的深入，体育课教学原则也必将不断充实和发展。

复习思考题

1．在体育课教学中应遵循哪些规律？简述这些规律的内容和在教学中应注意的问题。

2．如何结合少年儿童的年龄特征进行体育课教学？

3．什么是体育课教学原则？在教学中应遵循哪些原则？

4．教师在教学中应如何激发学生的自觉积极性？

5．在安排一次体育课时，怎样体现身体的全面发展？

6．在教学中如何广泛运用各种直观方式？

7. 在教学中如何体现教学内容和组织教法的由易到难，逐步提高要求？

8. 决定运动负荷的因素是什么？

9. 在教学中如何处理量和强度、表面数据和内部数据的关系？

10. 在教学中如何体现区别对待要求？

11. 在教学中如何贯彻巩固与提高相结合的原则？

第四节　体育课教学方法

体育课教学方法是指在体育课教学过程中完成体育课教学任务所采用的途径和方法。教学方法的选择与运用，直接影响教学任务的完成和教学质量的提高。经常采用的教学方法分为两大类：第一类是指导法，包括语言法、直观法、完整法与分解法、预防与纠正错误法等；第二类是练习法，包括重复法、变换法、循环法、游戏法、比赛法和放松法等等，如图 3 所示。

一、体育课教学中的指导法

（一）语言法

语言法是体育课教学中运用各种形式的语言指导学生学习，完成教学任务的方法。

1. 讲解：讲解是体育课教学中运用语言法的一种最主要和最普遍的形式。讲解是教师用语言向学生说明教学任务、动作名称、作用、要领和方法要求等，以指导学生掌握技术和技能，进行练习，同时对学生进行思想教育。

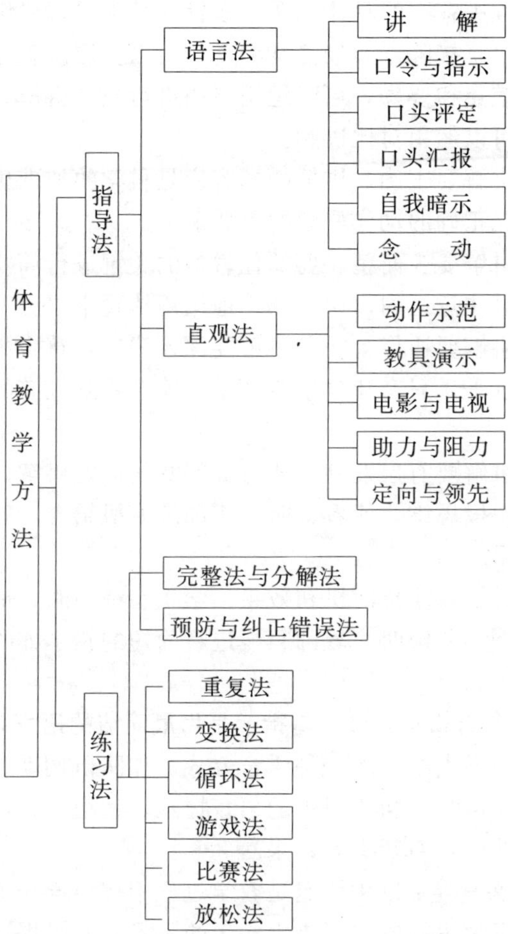

图 3　体育课教学方法总框图

讲解应注意以下几点：

(1) 讲解目的要明确。应根据教学任务、内容、要求以及教学过程中存在的具体问题，有针对性地进行讲解。学习新教材可以直接陈述，较复杂的动作可以分层次叙述。为了突出教学重点和要领，可以运用口诀进行概要讲解。为了纠正错误，可以运用对比讲解。

（2）讲解要正确。讲解的内容应是科学的和准确的。这是学生建立正确的动作概念的重要前提。

（3）讲解要少而精。要抓住教学的关键进行简明扼要的讲解，并且注意运用口诀，熟练地运用体育术语。

（4）讲解要通俗易懂。讲解要深入浅出，符合小学生的文化知识水平。只有让学生听懂了，才会收到应有的教学效果。

（5）讲解要有启发性。通过提问式的启发讲解，使学生在教学中积极思维，使看、听、想和练有机结合，以利于提高教学效果。

（6）讲解要注意时机和效果。学生在练习时，或者在静止用力或调动队伍时，教师只能进行简短的指示如收腹、抬头、推手等。

2．口令与指示：口令与指示是用最简洁的语言，以命令的方式指导学生学习的一种语言方式。如队伍调动、队列练习、基本体操练习和练习中的语言提示。运用这些口令和指示应及时准确，声音洪亮、果断。

3．口头评定：口头评定是教学过程中按教学任务的要求用语言肯定学生的成绩，指出学生的不足，及时提出要求并给予鼓励，激发学生的兴趣和积极性。口头评定时应注意评定的真实性和对学生的尊重。

4．口头汇报：口头汇报是教师要求学生根据教学要求和个人体验，简明叙述个人在练习中的体会。这对促进学生积极思维，提高学生自我监督的自觉性，培养学生的语言表达能力，具有积极的作用。

5. 自我暗示：自我暗示是让学生通过指示性的默念字句，暗示自己努力做好动作的无声语言形式。如在练习单杠前翻上时暗示自己要倒体拉臂，这样就强化了正确完成动作的意识，避免出现错误动作。还可以套语进行引导，促使肌肉放松并调节自主神经系统的机能。

6. 念动：念动是指导学生用无声的语言引导思维想象完成动作的过程。如在教学过程中，一般是在练习前边默念完成动作的要领边想象完成动作的过程的表象，从而引起肌肉神经系统的相应活动。在学习推铅球动作时，边默念蹬地、转髋、挺胸、推手和拨指，边想象按此要领完成动作的过程，这对于提高动作的准确性和协调性具有明显的促进作用。

（二）直观法

直观法是体育课教学中通过一定的直观方式，作用于人体的视觉、听觉等感觉器官来感知动作的一种教学方法。它有助于学生了解动作的形象结构、要领方法以及时间和空间的关系，从而建立正确的动作表象和体会完成动作的肌肉感觉。

1. 动作示范：动作示范是体育课教学中最常用的一种直观方式。是教师或所指定的学生，以具体动作为范例，使学生了解所学动作的形象、结构、要领和方法。正确的示范不仅可使学生建立正确的动作形象，而且可以提高学生的学习兴趣，激发学生的学习愿望。

示范应注意以下儿点：

(1) 示范目的要明确。应根据教学实际进行示范。当要让学生了解新教材时，应以常速的完整示范展示给学生，使学生建立完美的动作形象，并产生跃跃欲试的学习愿望。为了让学生了解完成动作的要领或纠正某环节错误时，应做分段的慢速的或静止姿势的示范。

(2) 示范要正确。正确的示范要力求动作准确、熟练、轻快和优美，使学生建立起正确的动作表象和概念，这有助于提高学生的学习兴趣，能起到鼓舞动员作用。

(3) 示范要注意位置和方向。示范的合理位置和正确的方向对示范的效果有很大的影响。示范的位置应根据学生的队形、动作的结构和学生观察的部位而定，还应考虑到安全因素。一般示范者应站在学生的正面，距离以让全班学生看清为准。学生应处在背向、侧向阳光和风向的位置。学生观察示范的队形不易过宽，这样更有利于观察。

示范的方向应根据动作的结构和观察的部位而定。在教学中经常采用的有正面、侧面、背面和镜面示范方法。为了显示左右方向运动的动作和动作的正面，一般采用正面示范，如篮球的左右滑步移动和双臂的波浪动作。为了显示前后方向运动的动作和动作的侧面，一般采用侧面示范，如立定跳远和跑步。有些路线方向变化较复杂的动作，为便于教师领做和学生模仿，如武术的套路练习和舞蹈可采用背面示范。一些动作方向和路线变化简单的动作，为使学生看清教师的正面动作，如徒手操、广播操和韵律操等可采用镜面示范。

(4) 示范与讲解结合运用。讲解和示范是分别作用于听觉和视觉器官的直观方式。讲解和示范结合运用，并注重启发学生积极思维，使学生听、看、想有机结合对教学有很大促进作用。

2. 教具演示：教具演示是通过挂图、图片、模型等教具进行的一种直观教法。当动作示范不能完全显示出动作结构的全过程以及技术关键和细节时，就要运用教具来演示正确的动作，帮助学生了解动作的形象和要领。

3. 电影与电视：电影与电视是现代化的教学手段，能使学生更准确和更形象地感知动作过程，可以对重点环节进行慢速的甚至是停顿的分析，不仅有助于建立正确的动作概念，而且能大大提高学生的学习兴趣。

4. 助力与阻力：助力与阻力是借助外力的帮助和对抗，使学生通过触觉和本体感觉，体会完成动作的要领，辨别时间空间关系，从而形成正确的动作概念。如在做两臂侧平举的动作时，有的学生手臂会抬得过高或过低，老师可以帮助他把手举到正确的位置，使其产生正确完成动作的肌肉本体感觉。又如在起跑时，可以借助于向后拉系在学生腰部绳子的力量，让学生体验起跑时身体前倾的肌肉本体感觉。

5. 定向与领先：定向是以具体形象的标志物，给学生指示动作的方向。如推铅球时要求使铅球从投掷方出手前上方的绳子上面通过，帮助学生掌握正确的出手角度，对出现错误动作加以限制。

领先是利用外界因素，对学生进行刺激引导，以利于学生按要求完成练习。如做原地高抬腿时，要求学生按照击掌的节奏进行练习，以提高动作速率的准确性，击掌则是有效的条件诱导。

（三）完整法与分解法

完整法与分解法是教师传授动作技能过程中指导学生学习的方法，也是学生学习掌握动作技能的练习法。

1. 完整法：完整法是从动作的开始到结束，不分部分和段落，完整进行教学和练习的方法。

完整法的优点是便于完整地掌握动作，能够保持动作结构的完整性；完整法的缺点是不易很快掌握动作的难点。

完整法一般是在动作比较简单或虽然动作较复杂但不宜分解的动作的学习时采用。

完整法的运用：

（1）直接完整练习。在教简单动作时，如双手胸前传球和高抬腿跑，在教师讲解示范后可以让学生直接完整练习动作。

（2）先掌握动作的技术基础，再强化动作的细节。在教较复杂的动作时，如学习前滚翻，可以先掌握技术基础蹲撑、蹬地、团身滚翻推手和蹲起等环节，再要求学生改进技术细节，如腿蹬直的程度和滚动方向的准确性等。

（3）降低练习的难度。通过练习条件和环境的改变来降低练习的难度，以便学生完整地进行练习。如降低栏架及横杆的高度进行跨栏和跳高练习，在呈斜坡的垫子上进行前滚翻练习。

（4）选用辅助诱导练习。辅助诱导性练习可以使相应肌群及协调配合能力得到发展，体会动作的关键。如学习快速跑可以先进行小步跑、高抬腿和后蹬跑的练习，俯撑分腿跳可以作为跳箱分腿腾越的辅助诱导练习。

2.分解法：分解法是把完整动作按其技术结构或身体活动部位分成几部分，按部分进行教学和练习，最后达到完整掌握动作的方法。

分解法的优点是简化了教学过程，降低了动作的难度，突出了动作的重点，增加了学生学习的信心，加速了掌握动作的过程。但运用不当会造成动作的割裂，破坏动作的完整结构，影响正确动作技术的形成。

分解法一般是在动作比较复杂，适于分解而用完整法学习又不易掌握的情况下，或某一技术环节需要细致学习时运用。

分解法的运用：

(1) 分进式。是动作的各部分按一定顺序逐段教学后，再全部连接起来完整地进行教学。如学习滑步推铅球，可把动作分为三个部分，先学习持球预备姿势，再学习滑步，然后学习最后用力，最后进行完整学习。分进式如图 4 所示。

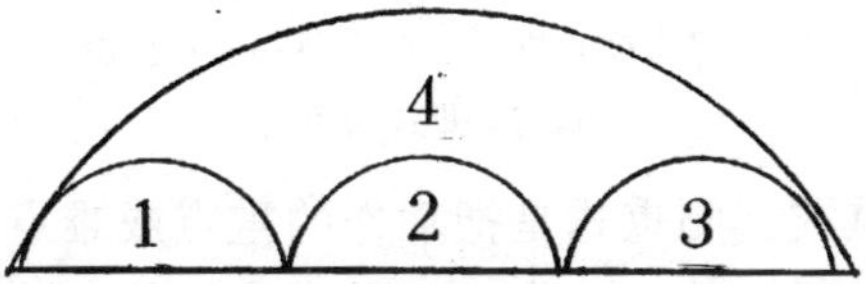

1. 学习持球预备姿势　2. 学习滑步　3. 学习最后用力

4. 学习滑步推铅球

图 4　分进式分解法

(2) 连进式。连进式是先学习动作的第一部分，然后将动作的第一、二部分连接起来学习，最后将第一、二、三部分连接起来学习，如此连接，直到全部学完动作。如蹲踞式跳远，先学习助跑起跳，再学习助跑起跳腾空动作，最后学习助跑起跳腾空落地的完整动作。连进式如图 5 所示。

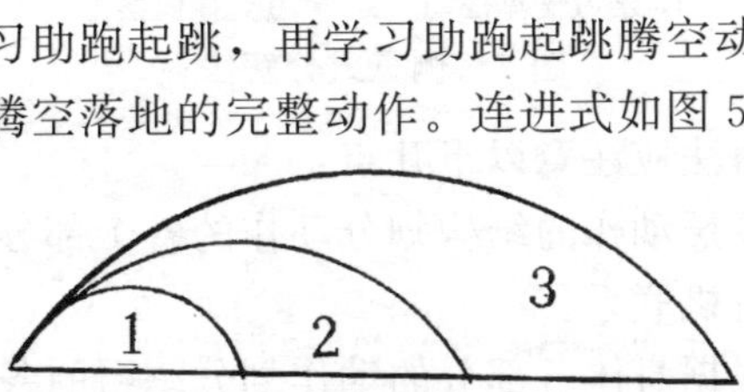

1. 学习助跑起跳　2. 学习助跑起跳腾空　3. 学习助跑起跳腾空落地

图 5　连进式分解法

（3）递进式。递进式是先学习第一部分，再学习第二部分，然后把第一、二部分连接起来学习，再学习第三部分，最后把三个部分完整进行学习。如学习跳箱分腿腾越，先学习助跑，再学习起跳，然后学习助跑起跳，再学习支撑分腿，最后学习跳箱分腿腾越的完整动作。递进式如图 6 所示。

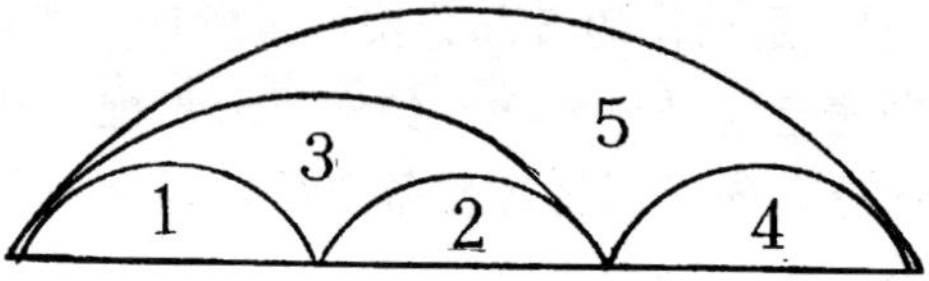

1. 学习助跑　2. 学习起跳　3. 学习助跑起跳

4. 学习支撑分腿　5. 学习跳箱分腿腾越

图 6　递进式分解法

（4）侧重式。侧重式是把动作的重点或难点先单独进行学习，然后学习完整的动作。如学习双杠前摆下，先学习双杠支撑摆动，再学习支撑前摆下。侧重式如图 7 所示。

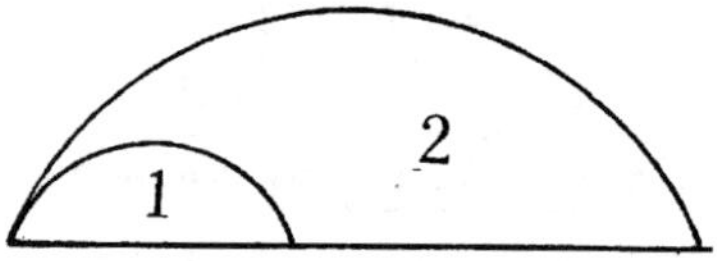

1. 学习支撑摆动　2. 学习支撑前摆下

图 7　侧重式分解法

运用分解法应注意以下几点：

第一，按照动作的结构划分动作的各个部分，应考虑各部分之间的有机联系。

第二，根据身体各部分的动作划分练习的各个部分，应明确所划分的部分在完整动作中的位置。

第三，运用分解法应适时地与完整法结合运用。

（四）预防与纠正错误法

预防与纠正错误法是指在体育课教学中，针对学生产生错误的原因，采取有效的措施，防止和纠正错误动作的方法。

1. 预防与纠正错误的几种做法：

（1）针对学生学习目的不明确，有怕苦、怕累和怕受伤的恐惧心理，应加强目的性教育，不断提高学生学习的自觉积极性。教学中还要有目的地培养学生吃苦耐劳和克服困难的意志品质，同时要加强保护帮助，消除学生的思想顾虑，增强完成动作的信心。

（2）针对学生动作概念、要领和方法不清或受旧技能的干扰影响，应运用正确的讲解与示范及语言法和直观法等其他方式，使学生建立正确的动作概念，明确学习的要求，领会动作的要领和方法。还要善于运用各种诱导性和转移性练习，来预防和纠正因受旧技能干扰所产生的错误。

（3）针对学生身体素质水平和基本技术水平较差的情况，应加强身体素质发展和基本技术教学，采用丰富有效的教法，加大练习的负荷，增强学生机体能力，提高其身体素质水平和运动技能水平。

（4）由于教学内容不完全符合学生的水平，组织教法安排欠妥当，所以教师必须加强备课，钻研教材，改进教法，科学地安排教学内容，加强课的组织水平，不断提高课的质量。

（5）由于教学环境与条件的限制，影响学生正确地掌握动作，所以教师应注意创造良好的教学环境和条件，并注意培养学生的自控能力。

2. 在预防与纠正错误时应注意以下几点：

（1）教师要善于发现学生出现的错误动作。

（2）认真分析存在错误产生的原因，采用有针对性的和卓有成效的措施。

（3）教师应首先解决学生存在的共性问题。

（4）对存在错误的同学应多予鼓励和帮助，增强其改正错误的信心。

二、体育课教学中的练习法

（一）重复法

1. 重复法的概念：重复法是指在相对固定的条件下，按照动作的基本要求，进行反复练习的方法。如以固定的距离和统一的强度要求进行多次练习（以 15 秒的速度跑 3 次百米），以固定的横杆高度和同一过杆姿势多次进行跳高练习（用跨越式 5 次越过 1.20 米的横杆）。

重复法主要是用来发展身体，改进和掌握技术，培养学生的意志品质。

2. 重复法的运用：

（1）单一重复法：单一重复法是对动作每练习一次就进行休息的反复练习的方法，休息时间不固定，如练习一次前滚翻，休息后再重复练习。单一重复法每次练习后便有休息，便于学生集中精力进行学习，适用于新授教材的初学阶段。

（2）连续重复法：连续重复法是没有间歇，连续不断地重复练习，一般用于周期性的练习，如跑步、游泳等。某些非周期性动作（如乒乓球正手抽球）连续练习时，也具有周期性特点。连续重复法对巩固所学技术、锻炼身体和提高身体机能水平等，有显著作用。

重复练习方案应根据教学任务和对象确定。

（3）间歇重复法：间歇重复法是在练习后安排相对固定

的间歇时间，反复进行练习的方法，如用95％的强度跑30米共10次，每次间歇半分钟。间歇重复法的运用对提高心肺功能，提高身体的负荷能力，提高在较疲劳状态下完成动作的能力有突出作用。

（二）变换法

1．变换法的概念：变换法是在变换的条件下，反复进行练习的方法。如在跑的练习中，不断变换练习的跑动速度，变换练习的场地等。变换练习可以提高或降低练习的难度，激发学生的学习兴趣，有益于发展学生的身体和掌握技术，在提高中枢神经系统的协调性和灵活性方面有独特的意义。

2．变换法的运用：

（1）连续变换法：在练习过程中，连续变换练习条件进行无间歇的练习。如变速跑中时快时慢的跑速变化，越野跑中经过树林、坡地和河畔的练习环境的变化。

（2）间歇变换法：在练习的间歇后，变换练习的运动负荷、形式、组合和环境条件。如在几组练习中不断变化练习的速度、时间、负重量和练习次数等运动负荷的表面数据，在跳跃练习中可以采用多级跳、团身跳和纵跳等多种跳跃形式，在体操练习中可以由不同的动作进行组合练习和成套的动作练习。

变换条件的确定要符合教学任务的要求，并要符合学生的负荷能力。

（三）循环法

1．循环法的概念：循环法是根据教学任务的需要，选定若干个简单动作，设置若干个练习站，学生按规定的顺序和练习要求，逐站循环练习的方法。这种方式通过全面、多样和连续的练习，提高了练习的密度，使人体承受了较大的负荷，有益于发展身体素质，对掌握技术和技能有良好的效果。由于循环练习手段是不同性质和不同部位的练习，因此有利于提高学生的学习兴趣和推迟疲劳出现。

2. 循环法的运用：

（1）循环法的组织形式：

①流水式循环。若干个小组各排成一路纵队，按照练习的顺序和要求，依次循环练习。

②轮换式循环。各组学生分别在各练习站，按照练习要求同时开始练习，各组按顺序循环练习。

（2）循环法的基本要求：

①每站练习的运动负荷一般控制在中小强度和量。循环周数根据教学任务确定。

②以技术性练习动作为主的循环练习，一般设置 4～6 个练习站；以身体锻炼动作为主的循环练习，一般设置 4～8 个的练习站。

③循环练习中不同部位和不同性质的内容要交替进行。

④应选定难度不大的、简单的和已基本掌握的动作进行循环练习。

⑤注重循环练习的动作质量。

（3）循环法的类型：根据教学任务选定的练习内容，一般分为以下类型：

①发展全面身体素质的循环练习（图 8）。

②发展基本技术的循环练习（图 9）。

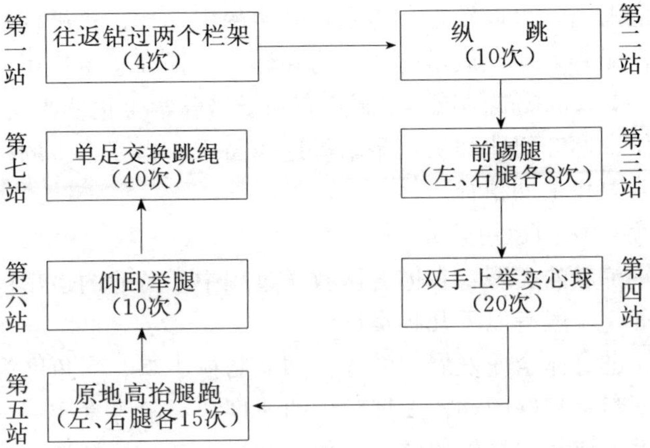

图 8　全面发展身体素质的循环练习示意图

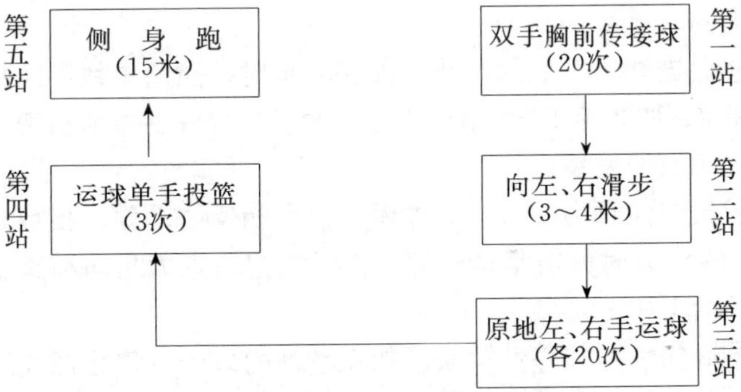

图 9　发展基本技术的循环练习示意图

（四）游戏法

1. 游戏法的概念：游戏法是以游戏的方式组织学生进行练习的方法。这种方法具有一定的竞赛因素和情节，在规则许可的范围内，可以较充分地发挥学生的主动性、积极性和创造性，能有效地发展学生的智力和体力，提高学生运用体育知识、技术和技能的能力，而且有利于培养学生集体主义、团结协作、遵守纪律和勇敢果断等道德品质，提高学生的机敏、创造力和主动精神。

2．游戏法的运用：

（1）游戏的类型：在体育课教学过程中，游戏的运用广泛而丰富，一般有以下几种类型：

①促进身体全面发展的游戏。如老鹰抓小鸡、大鱼网等游戏通过奔跑和躲闪动作发展学生的速度和灵敏等素质。

②运用技术和技能的游戏。如运球接力和活动篮筐（学生站在圆圈内任意接本队学生投的球）篮球赛，学生通过游戏不仅活动了身心，而且也使篮球技术和技能进一步得到巩固和提高。

③促进智力发展的游戏。如在跑步时按照简单数字的加减结果（3 加 2 等于 5）组成小组，学生在游戏中体力和智力都得到相应的发展。

④集中注意力的游戏。如做与口令相反的动作、报数是 3 和 3 的倍数时做击掌动作等，使学生把注意力指向和集中到教学活动中。

⑤放松性和转移性游戏。如在老师的口令（请你像我这样做）和动作（舞蹈或模仿小动物的动作）的带领下进行模仿练习，使学生在欢快和活泼的气氛中进行放松活动。

（2）游戏法的基本要求：

①由于游戏具有情节性和竞赛性，学生处于兴奋激动的状态，易显露学生的个性特征，应及时进行思想教育和安全教育，加强组织管理。

②游戏内容类型的选择应根据游戏所处的体育课的结构的某一部分的教学目的来进行考虑，并要考虑课的任务的总体要求。

③由于游戏的运动负荷具有多变性，因此要根据学生的实际情况及时对运动负荷进行调节和控制。

④鼓励学生发挥独立性、积极性和创造性。

（五）比赛法

1．比赛法的概念：比赛法是在比赛的条件下，组织学生进行练习的方法。比赛法的特点是竞赛因素强，学生的情绪十分高涨，心理处于紧张状态，能促进学生最大限度地表现出机体的机能能力、对变化条件的应变能力，以及在复杂条件下运用技术和技能的能力。

2．比赛法的运用：

（1）比赛的类型：

①教学比赛是按照教学的基本要求而组织的比赛。如在篮球教学比赛中，只允许运用教学中刚学过的联防形式，或只允许运用单手肩上投篮,目的是巩固所学的篮球技术战术。

②测验比赛。在教学中进行测验并评定名次，使学生对自己的技术水平有较全面和客观的评价。

③游戏比赛。在教学中以游戏的方式进行比赛。如垫球比赛和运球接力比赛可使游戏更具竞赛因素。

（2）比赛法的基本要求：

①比赛法一定要在学生基本熟练地掌握了动作技术和技能的情况下运用。

②比赛要有明确的规则要求，并公平评定。

③比赛各队要实力相当。

④注意消除不安全因素，预防可能出现的运动损伤。

⑤加强比赛组织工作、讲评和思想教育工作。

（六）放松法

1．机体活动性放松练习法：是通过肢体的屈伸、振摆、抖动、按摩、深呼吸以及轻微的身体活动等练习，使机体逐渐恢复到相对安静状态的练习方法。有效适宜的放松练习，不仅可以使紧张的肌肉、神经和情绪得到缓解和放松，起到了消除疲劳、恢复体力和舒畅身心的作用，而且也有利于学生从事体育教学后的其他学习。

运用机体活动性放松练习法应注意的问题：

（1）放松练习要逐步地降低运动负荷。

（2）要针对教学中负荷较大的部位选用放松练习。

（3）尽量选用轻松和愉快的练习内容。

2．心理放松练习法：是用一定的套语进行引导（自我暗示），使情绪稳定和肌肉放松的一种练习方法。其特点是在词语的引导下，和曾经有过的与词语含义相同的体验相结合，引起植物性神经系统的冲动，对词语指向的机体产生相应的调节作用，从而使肌肉放松、血管柔软和心情安定而舒畅。对于恢复体力，坚定意志，培养自我调控能力有很好的作用。在教学中，当紧张的练习之后可采用站姿、坐姿或仰卧姿势，以“我很安静”“我的身体正在放松”“我的右臂已经放松”等词语进行自我暗示。

运用心理放松练习法应注意的问题：

（1）要使学生建立进行心理放松练习的充分自信，持之以恒，逐步提高练习的要求。

（2）进行心理放松练习时环境和意念需努力“入静”，这是取得心理放松效果的前提条件。为使入静状态得到巩固，杂念越来越少以至消除，可以想象自己置身于优美、安静和舒适的环境中休息，或用轻音乐进行诱导。

（3）入静姿势要舒适放松，入静时须闭目冥想。采用的姿势视教学环境而定，如采用站立姿势则要两腿略开立，两臂自然放松下垂，上体略前倾，力除肢体和心理的紧张。

（4）心理放松练习一般应在高年级和运动负荷较大的课结束时进行。

复习思考题

1. 语言法有哪些运用方式？简述在教学中怎样运用？

2. 直观法有哪些运用方式？简述在教学中怎样运用？

3. 什么是完整法？在教学中如何运用？

4. 什么是分解法？在教学中如何运用？

5. 在教学中如何针对学生练习中存在的错误分析产生的原因？应采取什么教学措施？

6. 什么是重复法？在教学中如何运用？

7. 什么是变换法？在教学中如何运用？

8. 什么是循环法？根据教学任务编写两组循环练习的方案。

9. 在教学中游戏的运用有哪些主要类型？

10. 在教学中比赛的运用有哪些主要类型？

11. 在教学结束后应怎样进行放松练习？

第五节　体育课成绩考核

体育课成绩考核是指对学生在体育课中的学习效果进行测验和评定。

一、体育课成绩考核的意义

（一）通过考核及时了解教学成果，检查计划执行情况，获得反馈信息，及时总结经验，调整修改教学计划，更好地改进教学工作。

（二）使学生了解自己的学习成果，强化正确的学习动机，激励学生努力学习，刻苦锻炼，不断提高体育课学习成绩。

（三）通过考核为体育课教学的科学化积累资料，有利于开展教学研究。

二、体育课成绩考核的内容和方法

（一）体育课成绩考核的内容

体育课成绩考核力求全面，综合体现体育课教学的任务完成情况。

1. 体育课的出勤率和表现占 10 %。
2. 体育常识占 10 %（一、二年级除外）。
3. 身体素质和运动能力占 40 %。
4. 运动技能占 40 %（一、二年级占 50 %）。

（二）体育课成绩评分方法

1. 根据教师对学生上课考勤和课堂表现记录，参考班主任和小组意见，由体育教师对学生的出勤和表现（学习态度、纪律和意志品质）给予评定。

2. 三至六年级通过笔试来评定体育常识的成绩。

3. 考核大纲中达标项目中的三项，按大纲规定的标准评分，用三项的平均分乘以 40 %，即为身体素质和运动能力得分。

4. 考核大纲中技评项目中的三项，按大纲规定的标准评分，用三项得分的平均分乘以 50 %（一、二年级）或乘以40 %（三至六年级），即为运动技能的得分。

（三）体育课成绩的计算

一、二年级学期成绩是除体育常识以外的三方面得分相加之和。三至六年级是四个方面相加之和。学年的体育课成绩即为上、下两个学期得分总和除以 2 的所得结果。

另一种计算方法是将两个方面（身体素质和运动技能）六个考核项目的得分相加，运用大纲中的对照表，便能查出这两部分的分数。

（四）百分制与四级分制的换算方法

体育课成绩考核，可以采用百分制或四级分制，也可以两种方法结合运用。在评定达标项目时采用百分制，评定技能成绩时采用四级分制。

采用百分制，30～100 分共 15 级，采用四级分制分为优秀、良好、及格和不及格四级。百分制与四级分制的换算标准如下：90 分以上为优秀，75～89 分为良好，60～74 分为及格，59 分以下为不及格。

根据《学校体育工作条例》，“体育课是学生毕业、升学考试科目。学生因病、残免修体育课或者免除体育课考试的，必须经医院证明，经学校体育教研组审核同意，并报学校教务部门备案，记入学生健康档案”。体育课成绩不及格者和因事缺考者，可按学校规定安排补考。

三、体育课成绩考核的种类

在实践中一般分为预先考核、平时考核、定期考核和总成绩评定。

（一）预先考核

是指在入学初和学期初对学生的有关原始成绩进行考核。了解学生的学习态度和体育基础，作为制定教学计划和进行教学分组的客观依据，使体育课教学能从实际出发，客观判断学生进步的程度，但不作为正式考核成绩。

预先考核一般安排在开学的前两周的体育课和课外体育活动时间进行。

（二）平时考核

是在平时教学中进行的考核，是为了解学生在具体教学中完成的情况和存在的问题，以利于控制教学过程，提高教学质量，鼓励学生刻苦努力学习。考核内容包括大纲的全部。考核的方式可以采用：

1. 检查性技评：主要是针对一些技术项目检查学生完成动作的质量，也可以进行达标测验，促进学生建立正确的动作概念，更努力地学习。

2. 学习态度观察：通过随堂观察学生的学习态度和表现进行评定，也可以运用提问的方式进行。

平时考核应注意不影响正常教学的进行。

（三）定期考核

是根据全年计划规定的考核的项目、标准和时间进行的考核。有助于在教学的结束阶段及时评定学生的成绩，总结教学经验。考核可分为技评和达标两种。如跑、跳、投项目可以达标为主，适当技评；体操和武术以技评来评定质量；球类可以命中率、垫球和发球次数将客观评定与技评结合运用。

（四）总成绩评定

是指在学期结束时，综合评定学生本学期的总成绩。

由于各类考核各具特点，因此作用各异。预先考核提供了基础状态的信息；平时考核是连续性的检查，为教学过程提供及时的反馈信息，是调整控制教学过程的主要依据；定期考核和总成绩评定是对教学成绩的总鉴定。这几种方法相互联系形成体系，应用于教学全过程，改变了单纯重视最后考核的状态。

四、学生体育课成绩考核的基本要求

（一）在开学初，向学生公布本学期考核的项目、标准、方法和要求，使学生在课内外有计划地进行练习，使考核起到推动学习和提高教学质量的作用。

（二）培训体育骨干，使体育骨干能够做好体育测试的协助工作。

（三）做好测验的组织工作，加强对学生的思想教育和组织纪律教育。

（四）做好准备活动，加强安全措施。充分的准备活动和适当的复习，不仅为取得好成绩创造了条件，而且可以有效防止出现伤病事故。在场地器材的安排方面，必须注重安全保护措施，避免出现意外事故。

（五）认真和及时地分析处理测验结果，及时地纠正在记录中的错误，认真登记在专门表格内，为综合计算成绩做好资料积累。

复习思考题

怎样考核和评定学生体育课的成绩？

第五章　课余体育

第一节　集体性的课余体育

学生以集体方式进行的课余体育活动主要有：

一、早操

是学生早晨到校后，上第一节课之前进行的简单体育活动（住校生在起床后进行）。活动时间大约在 5 分钟至 10 分钟，活动内容简单易行，运动负荷量与强度都小，不宜过度兴奋，以保证学生集中注意力上好文化课。

早操对于培养学生良好的生活和锻炼身体的习惯，具有积极作用。不仅如此，学生到校后，开始文化课学习以前进行体育锻炼，天天如此，年年如此，久而久之可以形成关于一天的学习生活是从体育开始的观念，这具有积极的社会学意义。

二、课间操

是在上午第二节课和第三节课之间进行。时间大约在 20 分钟左右；内容有徒手体操、舞蹈、游戏、跑步等；形式有全校集体、年级集体和班集体，也有个人形式的；运动负荷量与强度都较大于早操。

课间操的目的在于放松学习活动造成的精神紧张状态；活动身体各个部位，改变学习过程固定的和呆板的身体姿势；各种感官接受各种不同的新异刺激，转换大脑皮质的兴奋中枢，调节情绪（心境）。总之，具有明显的卫生学、保健学和教育学意义，有助于学生身心健康和提高学习效率。

三、班级课余体育锻炼

是以班级为单位在课余时间进行的有组织有目的的体育活动。一般安排在下午上完文化课以后进行，有体育课的当天可以不安排；时间大约一节课；内容主要有学生喜欢的运动，以及体育课考核或国家体育锻炼标准的测验项目；地点可在校内，也可在校外（如爬山、野营等）；主要由学生自己组织（教师可以指导），可以班级集体方式进行，也可以班级分成小组形式进行；运动负荷量和强度可加大，但要注意适度，注意安全。

班级课余体育锻炼除具有体育活动共有的作用以外，其独特的作用是便于发挥学生的独立自主性，对于培养体育兴趣、动机、能力和习惯非常有益处，对于奠定终身体育基础具有积极作用。

四、学校运动会

是将若干个运动项目安排在相同的时间内进行的比赛，一般以田径项目为主举办运动会。

运动会规模大、项目多、参加单位和人数多，因而准备时间长，应单独列入学校教育工作计划中。全校性的运动会组织工作复杂，可在主管校长领导下，由各有关方面负责人组成竞赛委员会，全面领导运动会的各项工作。根据情况，竞赛委员会下面可设秘书组、宣传组、竞赛组、裁判组、场地组、奖品组、医务组和安全组等。

学校运动会的基本文件是《竞赛规程》，具有法规性质，主要内容包括：

——运动会的名称、目的和要求。

——运动会的时间、地点和项目。

——参加单位、报名人数和办法、分组办法。

——竞赛办法和规则。

——录取名额、计分和评定名次方法。

——奖励办法。

——其他注意事项。

学校运动会对于活跃校园文化生活、提高学生运动技术水平、发现优秀的体育运动苗子和推动全校性体育活动的开展等，都有巨大作用。

五、体育节

是在学校教育计划中安排的、停课进行的轻松的、游戏性的和娱乐性的体育活动，全校师生都参加，有时也邀请学生家长到校参加活动。

体育节使校园到处充满节日的欢乐气氛，有利于社会主义精神文明建设，陶冶师生情操。

六、野外活动

是在节假日，组织学生到野外环境优美和风光秀丽的地方去郊游、旅行、登山、游戏、游泳、划船等，可培养学生喜欢大自然和热爱大自然的情感，也可陶冶情操，活跃身心，锻炼身体，丰富经验，增加知识，坚强意志，开朗性格。应事先周密计划，加强组织领导，注意安全。

复习思考题

学校早操、课间操和班级课外体育活动的目的是什么?怎样组织开展这些工作?

第二节　个人性的课余体育

这是学生自己根据时间、地点以及个人的兴趣和爱好等因素，利用课余时间在校内、校外独自进行的体育锻炼。这样能更充分发挥个人的主观能动性，满足个人的需要，体现个人特色。对于培养学生独立锻炼身体的兴趣、态度、能力和习惯，具有特殊作用。

一、个人性课余体育的种类

（一）校内

1. 课间休息的个人体育活动。
2. 中午休息的个人体育活动。
3. 一天文化课学习结束后的个人体育活动。

（二）校外

1. 每天放学后的个人体育活动。
2. 双休日的个人体育活动。
3. 假期的个人体育活动。

二、个人性课余体育的内容

（一）健身性的体育活动

包括陆上的走步、跑步、骑自行车、跳舞、打拳、做操、球类运动、骑马、登山和郊游等。

水中（上）的体育活动有游泳、水中游戏、划船、花样游泳和水中芭蕾等。

冰上的体育活动有速度滑冰、花样滑冰、冰上爬犁、冰上陀螺和冰上舞蹈等。

雪上的体育活动有滑雪、雪橇活动、“打雪仗”和“堆雪人”等。

有条件时，可从事空中体育活动，例如跳伞和航模等。

（二）娱乐性的体育活动

各种游戏、球类活动、放风筝、下棋和钓鱼等。

（三）健美性的体育活动

舞蹈、艺术体操、健美操、器械体操、哑铃练习、举重、有氧体操和柔软体操等。

（四）实用性的体育活动

蛙泳、反蛙泳、潜泳、侧泳、爬绳（竿）、射击、拳击、摔跤、散打、格斗和擒拿等。

（五）康复性的体育活动

体弱病残的学生参加的散步、慢跑、气功、太极拳、医疗体操、矫治性体操、水浴（水中活动）、游戏和轮椅运动

（下肢伤残的学生）等。

三、个人性课余体育的方法

（一）以锻炼身体部位划分的方法

1. 局部锻炼法：是锻炼身体某一部位或某几个部位的方法，如上肢锻炼法和下肢锻炼法等。

2. 整体锻炼法：是锻炼整个身体的方法，如循环（或流水作业）锻炼法，可锻炼上肢、下肢和躯干（腰腹）等各个部位。

（二）以锻炼内容划分的方法

1. 单项锻炼法：是以单一内容（项目）锻炼的方法，如游泳锻炼法和跑步锻炼法等。

2. 多项锻炼法：是以两个以上内容（项目）锻炼的方法，如走步——跑步锻炼法和举重——游泳锻炼法等。

（三）以锻炼过程中间歇时间划分的方法

1. 连续锻炼法：是锻炼过程中没有时间间歇的方法，如连续跑步 20 分钟和连续游泳半个小时等。

2. 间歇锻炼法：是锻炼过程中有时间间歇的方法。间歇时间长短有固定的，也有不固定的。

（四）以锻炼过程中条件变化与否划分的方法

1. 固定锻炼法：是各种条件相对不改变的锻炼法。有连续进行的（如在同一泳道中，用相同的动作，以相同的速度的连续游泳等），有间歇进行的（如在同一泳道中，用相同的动作和相同的速度游泳，共游 8 次，每次之间休息 3 分钟）。

2. 变换锻炼法：是改变条件的锻炼法。有改变负荷的变换锻炼法（如加速跑和减速跑），有改变动作的变换锻炼法（如由蛙泳改为反蛙泳、由走步改为跑步），有改变间歇时间的变换锻炼法（间歇时间加长或缩短），还有改变运动环境的变换锻炼法（如在公园内跑步等）。

（五）以锻炼场所划分的方法

1. 室内锻炼法。
2. 室外锻炼法。

（六）以使用器械与否划分的方法

1. 徒手锻炼法。
2. 使用器械锻炼法。

（七）以能源物质代谢特点划分的方法

1. 有氧锻炼法：是能源物质在有氧代谢状态下的锻炼方法，也是健身锻炼常用的方法。脉搏一般控制在每分钟 140 次以内。

2. 缺氧锻炼法：是能源物质在缺氧代谢状态下的锻炼方法，也是一种极限强度运动，脉搏每分钟在 170～180 次以上。此法少年儿童要少用、慎用。

（八）以发展身体素质特点划分的方法

1. 发展速度素质的方法。
2. 发展力量素质的方法。
3. 发展耐力素质的方法。
4. 发展灵敏素质的方法。

5. 发展柔韧素质的方法。

四、个人性课余体育的原理

学生在课余进行个人体育锻炼时，要依据下面有关学科的原理进行，以利达预期目的。

（一）体育自然科学

1. 运动生理学中有关的理论知识。例如应用人体生理机能能力变化规律的知识，进行体育锻炼时要逐渐加大运动负荷，特别注意做好准备活动；再如应用能源物质代谢的知识，进行健身锻炼时要在有氧代谢水平中进行；又如应用超量恢复知识，注意每次锻炼时运动负荷要适宜，以便引起超量恢复等。

2. 生物学中有关的理论知识。例如生命在于运动的道理，课余个人体育锻炼要有适当的频度，即两次锻炼间隔的天数要适宜；再如器官“用进废退”的道理，要经常锻炼机体各个器官系统，尤其是锻炼心脏等对生命和健康极为重要的器官系统。

3. 卫生学中有关的理论知识。例如运动中饮水卫生的知识，在运动中和刚结束时，不要立即饮进大量的水；再如运动中呼吸卫生知识，不要迎风跑，不要在空气污染严重的环境中运动，也不要单纯用口进行吸气等。

4. 运动营养学中的理论知识。例如负荷量较大的运动以后，适当补充糖是必要的；大量出汗锻炼以后，适当补充食盐为宜。

5. 运动保健学中的理论知识。例如运动后肌肉酸胀，应当进行按摩或者热水浴；运动前检查场地和器材，防止发生意外事故；掌握运动损伤的一般救护方法，万一发生事故时，可先进行“自救”。

6. 体育测量与评价中的理论知识。例如通过人体测量与评价，如发现自己某方面有缺陷，即应采取相应办法予以弥补，有针对性地进行锻炼。

7. 体育心理学中的理论知识。例如良好的情绪有益于健康，所以锻炼过程中要心情愉快；再如动机是人们行为的内在动因，所以自觉进行个人体育锻炼，要激发并保持自己的体育动机；又如关于意志的知识，可以用意志行为，克服各种困难，坚持完成锻炼任务，也可以在锻炼过程中有意识地培养自己的意志品质。

（二）体育社会科学

1. 体育社会学中的理论知识。例如人际交往理论，个人锻炼过程中可以相约一些朋友共同进行，增进友谊，促进个体社会化。

2. 体育美学中的理论知识。例如关于人体美的知识，进行个人健美锻炼；再如关于人内在美与外表美的知识，在注重健美体形锻炼时，还应注意培养良好的体育道德、体育作风以及体育精神。

（三）哲学与思维科学

1. 唯物辩证法的基本观点。例如关于人的身体与精神的关系，实际上是哲学中物质与意识的关系，所以进行体育锻炼时，应以各种肌肉活动方式进行，在神经系统指挥下，动员机体各种器官系统参与，全面锻炼身体，增进健康，在此同时注意锻炼意志，调节情绪，培养性格与情操，提高心理素质；反过来，心理素质提高，更有助于加强身体锻炼，取得身体与精神的相互促进、生理与心理两方面协调发展的效果。再如关于内因与外因的关系，学生个人课余体育锻炼首先要自觉自愿，动其主观，然后才是客观因素，这样才能主动、积极、认真和持久。

2. 系统科学知识。例如关于系统的各个部分的功能之和大于系统整体之功能，学生进行体育锻炼时，出发点是增进全身（整体）的健康，而锻炼时可分部分进行，最后达到整体效果。再如人体可看作是一个有组织系统，结构精密，功能完整复杂，根据体内外各种刺激的不同，机体可及时调节行为，做出适当的反应；在进行体育锻炼时，身体会产生各种不同的感觉，学生据此可随时调节活动方式、运动负荷量与强度，以身心两健为目的。

五、个人性课余体育的要求

学生个人在课余进行体育锻炼的注意事项有：

（一）目的性。直接目的是锻炼身体，丰富生活，调节感情，发展个性；间接目的是消除疲劳感觉，提高学习质量，将来服务于社会。

（二）计划性。有长期计划（某一时间阶段的计划）和短计划（某一次锻炼的计划）。计划在行为之前制定，对于保证行为的系统性、针对性和目的性是必要的。

（三）自觉性。学生应有正确的体育价值取向与体育态度，将课余体育锻炼作为自己生活的内容和需要，将会产生强大的和持久的动力。

（四）独立性。个人课余体育活动基本上属于个人行为，活动时间、内容和地点等，都需自己思考决定，脱离了教师和家长的直接指导，独立性体现得非常明显。

（五）保证性。个人课余体育活动应在保证完成学习任务的前提下进行，统筹安排学习与体育，否则将得不偿失，体育将成为无本之木。

（六）可行性。个人课余体育要坚持从实际出发原则，因时因地制宜，量力而行。

（七）坚持性。体育锻炼，贵在有恒，常年坚持，多年坚持，这样才能效果显著。

（八）灵活性。由于时空的变化和各种条件的改变，课余个人体育活动具有较大的弹性，这是执行计划的积极认真的态度，不能机械教条地办事。

（九）安全性。体育锻炼应避免发生意外事故，这与锻炼宗旨相悖。要有安全意识，要有自我保护意识，平安进行体育活动。

（十）实效性。个人课余体育锻炼以取得实际效果为准则，要合理有效地利用时间，珍惜宝贵的时间。

复习思考题

1. 学生个人体育锻炼常用哪些方法？要求是什么？
2. 学生个人体育锻炼所依据的科学原理有哪些？

第六章　课余运动训练

第一节　课余运动训练的任务

一、课余运动训练的意义

对于参加训练的学生来说，通过系统的和多年的课余运动训练，可以锻炼身体，增强体质，提高运动能力和竞技水平，其中一部分人逐步被输送到社会上各种运动队中训练，极优秀分子可以代表国家参加世界大赛，为国争光，成为体育明星；参加运动训练，可以积累经验，增加知识，发展智力，有助于学习进步；参加运动训练，可以培养英勇拼搏的斗志、克服困难的顽强意志以及尊重裁判、尊重对手、尊重观众和胜不骄、败不馁的优良体育道德和作风。

对于开展课余运动训练的学校来说，通过这项工作的开展，可以为全校性体育活动的发展起到示范作用和带头作用，使全校性体育活动蓬勃开展，不仅丰富了学生的文化生活，而且能促进学校精神文明建设，营造良好的校风，有效地贯彻教育方针。如果训练取得优异运动成绩，参加训练的学生为国家、为省市和学校争得了荣誉，不只是他们个人的光荣，而且也是学校的光荣，能激发学生的热爱学校、热爱国家的崇高荣誉感，激励学生努力学习，努力锻炼，努力修养，争取德智体全面发展。

对于国家来说，学校开展课余运动训练，可以源源不断地为国家发现、培养和输送优秀体育运动人才，壮大国家竞技体育队伍，提高竞技体育水平，攀登世界体育高峰，为国家争光。参加学校课余运动训练的学生，将来走上社会工作岗位以后，可以成为群众体育（社区体育）的骨干力量，对于全民体育的开展，是一支重要的力量。

二、课余运动训练的特点

课余运动训练的对象是学生，范围在学校，因此特点有：

（一）基础性

运动训练的目的是不断提高训练水平，这是一个长期的过程，需要多年训练。学生由于年龄原因，还有学习任务，其训练带有明显的启蒙性质，为以后专门训练打下坚实的基础，延长运动寿命。因此学校课余运动训练应贯彻“选好苗子，打好基础，系统训练，积极提高”的要求，防止急功近利的短视行为。

（二）育人性

训练是育人的一种途径，一种手段，学校的一切工作，根本目的在于为国家培育人才，所以学校课余运动训练不单要抓好运动训练工作，还要关注参加训练学生的学习和品德，对于学习与品德过差的学生运动员，要加强教育，限期改正，否则应停止其训练，以观后效。

（三）学训并重

学生的主要任务是学习，训练不要影响学习，坚持学习与训练相结合的方向，使学生运动员达到学校教育的整体要求，德智体全面发展。

（四）非营利性

学校运动训练不以营利为目的，坚持自愿、课余、无偿的方向，不能把学生运动员当作商品和摇钱树。当然，在运动竞赛中获胜而得到一定的奖励，是正常的，不支持为获奖而不择手段，甚至弄虚作假，金钱至上。

三、课余运动训练的任务

（一）为国家发现、培养和输送体育运动后备人才。

（二）提高学生运动员健康水平，促进全面发展。

（三）提高学生运动员训练水平，提高运动成绩。

（四）培养学校体育运动骨干，推动学校体育活动的开展。

复习思考题

阐明学校课余运动训练的意义、特点和任务。

第二节　课余运动训练的组织与内容

一、课余运动训练的组织

（一）课余运动训练的形式

我国大中小学都开展课余运动训练，普通中小学学生有的到体育运动学校去训练，形成多层次多系列训练的组织形式。

1．封闭式：是在某所学校内单独进行的训练，以各种体育代表队的形式出现。这种形式要求学校具有较完善的运动训练物质技术条件（场地、器材和设施等）和相应训练水平的体育教师——教练员。由于是本校学生参加训练，所以组织管理工作比较容易进行，有利于进行教育。

2．开放式：是学生运动员到学校外面某种机构去参加训练的形式。

（1）中心式：这种形式是附近的几所学校的学生在规定的时间内，集中到某一所学校去参加运动训练。这所学校运动训练的条件比较优越，但是由于几所学校的学生集中到一起进行训练，所以组织管理工作较复杂，要求学生运动员有较高的自觉性、组织性、纪律性和合群性。

（2）互联式：是几所小学与一所中学联系（向其输送学生运动员，并接受其指导），几所中学与某所大学联系（向其输送学生运动员，并接受其指导）的训练形式。这种形式要求网上的学校密切联系，订有协议，各自严格履行自己的职责，责、权、利分明。

（3）“一条龙”式：一所小学、中学和大学运动训练互相衔接（一般是附属小学、附属中学），队员逐段向上输送。这种形式隶属关系清楚，输送渠道明确，有利于提高训练水平。

（二）学校运动队的组建

1. 确定建队的数量：组建几个运动队和组建什么项目的运动队应考虑下列因素：

（1）本校及有协作关系单位的体育教师（或教练员）的特长与指导水平。

（2）本校及有协作关系单位的运动训练的客观条件。

（3）本校或本地区开展的传统运动项目。

（4）上级有关部门的工作部署与要求。

2. 运动队队员的选拔：

（1）条件：基础条件是德智体全面发展，有某种运动才能，并达到智育的基本标准以上，品德良好。

学生运动员选材的主要内容有：

①遗传因素：遗传对运动员的身体形态、生理机能、运动能力等各方面有着不同的影响（表3）。因此，在选材时要调查被选学生父母及亲代的有关情况，判断其受遗传影响的可能程度。

遗传因素只提供后天发展的可能性，实际的发展受后天许多因素的影响。

②年龄因素：主要考虑三个方面：

第一，日历年龄。从母体出生到当年，按日历计算的年龄。

第二，生物年龄。人体生长发育的实际年龄。生物年龄反映出学生个体生长发育达到的实际程度。从学生第二性征可以分析判断其生长发育成熟程度。有的学生生物年龄大于日历年龄，称为早熟；如果生物年龄小于日历年龄一年以上，则称为晚熟；生物年龄与日历年龄一致，就是生长发育正常。

一般来说，早熟的少年儿童发育得早而快，出成绩的时间也较晚熟的学生早；相反，晚熟的学生出成绩的时间也较晚。如果两个人的其他条件差不多，运动水平也不相上下，那么选年龄小、发育成熟晚或正常的学生，比选年龄大、发育成熟早的学生合适。

表 3　遗传因素影响表

指　标	遗传度（占%）	
	男	女
身　高	75～79	92
坐　高	85	85
腿　长	77	92
臂　长	80	87
	遗传度（男女占%）	
血红蛋白	100	
最大心率	85.9	
最大吸氧量	93.6	
	遗传度（男女占%）	
耐　力	93.4	
速　度	78	
力　量	80	

第三，运动年龄。参加专项运动的时间长短。两个同龄的学生，运动成绩也一样，但一个已进行了1～2年的专项训练，而另一个从未进行过专门训练，那么后者发展的潜力一般比前者大。

③身体形态因素：身体形态主要指身高、体重与四肢、躯干的长度、围度以及身体各部分的比例关系。运动项目不同，对身体形态也有不同的要求。因此，应从各运动项目的特点考虑选材时有关学生的身体形态。

④生理机能因素：生理机能主要指机体各器官系统的功能。不同的运动项目，对生理机能的要求是有区别的，应当根据运动项目的特点，在选材时考虑有关的生理机能状况。

⑤运动素质因素：运动素质一般指人体在运动过程中，在速度、力量、耐力、灵敏和柔韧等方面所反映出来的特征。在选材时，应从项目特点出发，选择一般运动素质和专项运动素质较好的学生。

⑥心理素质因素：心理素质包括心理过程和个性心理特征两个方面。

⑦基本技术因素：被挑选的学生的专项运动的基本技术越全面、越准确越好。

⑧社会与个人因素：社会因素主要考虑家庭和社会环境的影响，个人因素主要考虑学生参加运动训练的动机、兴趣和爱好等。

总之，选材的科学性要求多因素综合性选材和综合评价。各项指标要运用一定的方法和手段进行测试，运用定量与定性的方法进行分析评价，然后决定入选学生姓名。

（2）方法步骤：以体育教师（教练员）为主，请班主任和校医等共同参加。

选材要经过初选、中间筛选和最后确定名单等步骤，然后报校有关部门备案，必要时在全校公布。

二、课余运动训练的内容

提高学生运动员的整体训练内容，应进行身体训练、技术训练、战术训练以及心理训练等。

（一）身体训练

为训练奠定良好的身体基础的训练称为身体训练，在课余运动训练中占有重要地位。身体训练包含一般身体训练与专门性身体训练两个基本部分。在训练过程中，要在一般身体训练的基础上进行专门性的身体训练。

身体训练包含改善体形训练、发展运动能力和身体素质的训练以及改善生理机能的训练等，其中发展身体素质的训练是很重要的。下面对不同身体素质的训练分别作介绍。

1．力量素质训练：

（1）绝对力量的训练：采用本人最大力量的60％～70％的负荷重量，每组重复8～12次，组间间歇时间为2～5分钟，组数以不降低重复次数为准则。

基础训练阶段应从40％的负荷重量开始训练。经过基础训练以后，每周可安排1～2次负荷80％重量以上的力量训练。

（2）相对力量训练：在发展绝对力量时，要控制体重。运动负荷安排是强度（重量）大，重复次数少。

（3）速度力量训练：经常采用重量小的负荷和快速的动作进行。

（4）耐力力量：经常采用小重量、多次数直至极限次数的训练。

青少年学生力量素质训练要注意做好准备活动和放松活

动，注意全面性、活动性（少做静止与憋气练习）和隔日性，并要因人而异。

2. 速度素质训练

（1）反应速度训练：主要利用各种突发信号刺激，引起学生运动员快速做出各种不同的反应动作。

（2）动作速度训练：常采用外界助力、缩小动作幅度、缩短完成动作的时间和减小外界阻力、外界条件刺激等方法。

（3）移动速度训练：可采用下坡跑、发展速度力量、对抗肌协调性训练等方法。

青少年学生速度训练要注意在体力充沛、注意力集中和兴奋性适宜的状态下，要发展相应的速度力量，采用各种条件刺激物的方法。

3. 耐力素质训练：

（1）有氧耐力训练：采用较小强度（每分钟脉搏在 120～140 次）和较长时间运动（15 分钟以上）的方法。

（2）无氧耐力训练：

①短距离（强度大）和短间歇（密度大）的练习。

②距离较长（100～400 米）和强度大的练习。

耐力训练应在有氧耐力训练的基础上，进行无氧耐力的训练，方法手段要多样，培养顽强的意志品质。

4. 灵敏素质训练：

（1）一般灵敏素质的训练：可采用多种方法手段，如球类运动、游戏、竞技体操和技巧运动等。

（2）专门灵敏素质的训练：主要采用专项动作或与专项动作结构相似的练习，这些练习可安排在改变条件下去完成。

发展灵敏素质应在神经系统处于良性兴奋状态并做好准备活动后，结合发展速度和力量等素质进行，要经常有目的地改变练习内容。

5. 柔韧素质训练：

（1）一般性柔韧素质的训练：多采用增大关节活动幅度和加大肌肉韧带弹性的练习，如压腿、踢腿、压肩、转肩、劈叉、做桥、甩腰和转体等动作。

（2）专门柔韧性的训练：针对专项特点与需要，采用相应的训练方法和手段。

发展柔韧素质要做到动静结合，主动练习与被动练习结合，与相应的力量练习结合，并做好准备活动，循序渐进。

（二）动作技能训练

动作技能是按照动作原理合理有效地完成动作的能力。学生运动员必须具有一定的动作技能，才能参加运动竞赛。动作技能水平越高，越有利于创造优异运动成绩。所以动作技能训练是课余运动训练的重要内容。

动作技能训练是在动作技能教学的基础上进行的。关于动作技能教学问题参见第九章第一节。下面阐述几个动作技能训练的问题。

1. 动作技能训练内容：

（1）基本动作技能训练：基本动作技能指表现完整动作技术结构的基本能力，是进一步完成复杂的和高难动作技能的基础。学生运动员的训练必须大力进行基本动作技能训练，为以后长期训练与掌握先进的高新动作技能打下良好的基础。

（2）高难动作技能训练：高难动作技能相对基本动作技能而言，指动作方向、路线、幅度和节奏等技术要素变化复杂并且难度加大的动作技能，这是某些项目取得优异成绩的重要保证。根据具体情况，要因时因人制宜地进行高难动作技能训练。并不是所有的参训学生和所有的运动项目都必须进行高难动作技能的训练。

2. 动作技能训练方法：

（1）重复训练法：在相对固定条件下，按一定要求，反复练习某个动作的方法。动作技能的形成、改进与提高是一个多次重复和练习痕迹效应逐渐积累的过程。基本动作技能训练和高难动作技能训练都需运用此法。

运用重复训练法时注意运动负荷量与强度以及间歇时间要适宜，目标要清楚和具体，防止无具体目标地机械重复练习。

（2）变换训练法：是有目的地改变训练因素的训练方法。例如改变做动作时的身体姿势、动作幅度和动作节奏等，对改进动作质量和提高动作技能水平十分有益。

变换训练法要在重复训练法的基础上进行，防止干扰已经掌握的动作技能。要有目的地进行变换，以改进和提高动作技能为准。

（3）局部训练法：是反复完成整体动作中某个环节的一种训练法。在基本动作技能训练和高难动作技能训练中都可以应用，目的在于改进和提高局部动作技能水平。

运用局部训练法注意局部动作与完整动作的有机联结，防止动作割裂。

（4）整体训练法：反复完成完整动作的训练法，目的在于提高完成整体动作的质量。

运用整体训练法应注意完整动作各个组成部分的紧密衔接，注意动作从开始到结束的连贯性、协调性和准确性，同时应突出重点部分。

(5) 直观训练法：是应用各种直观方式进行训练的方法。例如观看动作挂图、电视录像或者采用条件诱导等方式，使学生直接了解动作的形象、过程和结构，特别是对动作的环节或者关键部分，能观察清楚。

直观法不可多用，要与思维结合。

(6) 表象训练法：通过大脑皮层有关中枢再现有关动作的运动表象，以加强神经系统对有关肌肉活动的指挥，有利于更加协调、准确地完成动作，提高动作技能水平。

表象训练法与直观训练法等方法结合运用，效果更佳。

(7) 条件限制法：是一种对完整动作或某些局部动作给予限制的训练方法。例如规定某些动作必须按要求完成（如篮球训练中只准用跳起投篮进行比赛）；再如学生队员高质量做完某个动作时，教师应及时给予表扬、肯定或鼓励。强度较大的刺激，产生痕迹效应会更深刻，影响长久而牢固。

3. 动作技能训练要求：

(1) 使学生形成正确的行为定向和价值取向，建立正确的和清晰的动作概念，积极认真参加动作技能训练。

(2) 严肃认真，狠抓正确的动作技能动力定型，及早发现不正确的动作并及时予以克服与纠正。

(3) 多种训练方法有机结合运用，相辅相成，收到更大更佳的训练效果。

(4) 完成动作的数量、强度和间歇时间等，都要适当。

(5) 动作技能训练与发展身体素质有机结合，互相促进。

(6) 动作技能训练要与发展智力和培养意志品质紧密结合，在相同的训练时间内，获得更大的效益。

(7) 提高组织与指导水平，师生形成协调的双边活动，产生巨大的“合力”，提高训练的质量。

（三）战术训练

培养学生运动员具有根据比赛时的具体情况灵活机动地发挥自己的体力和智力而取胜的能力，是课余运动训练内容之一。

战术含战术指导思想、战术意识、战术知识和战术行动。由于运动项目特点不同、比赛现场情况不同和比赛双方条件不同等因素的限制，战术训练的内容、方法、手段和组织等，呈现出千变万化的状况。这里只阐述战术训练的一般要求。

1. 对战术四个组成部分进行全面训练，其中战术指导思想的训练具有主导性和全局性的意义，应将其作为战术训练的长期的战略性的任务。

2. 战术意识和战术知识的训练是战术行为训练的前提。战术训练的目的在于提高学生运动员临场比赛发挥战术能力的水平，所以应将战术意识和战术知识的训练的着眼点放在提高战术能力上。

3. 战术训练要贯彻“灵活机动”的原则，战术训练应能充分发挥学生运动员的聪明才智，提高应变能力，扬己之长，克对方之短，掌握比赛的主动权，防止呆板的和机械的战术训练。

4. 战术训练要贯彻“整体性”的要求，主要体现在训练提高战术的整体素质（以战术能力为核心），比赛全过程的战术训练，全队整体配合和协同作战的战术训练，从而积极扩大战术训练的效果。

5. 战术训练要密切结合比赛的实际。进行有的放矢和针对性强的战术训练，可收到立竿见影的效果，容易在比赛实践中运用，取得良好的效果。

6. 战术训练要体现区别对待精神，不同的运动项目、不同的队员、不同的训练阶段以及不同的比赛与对手，都应进行不同的战术训练。

7. 战术训练应结合身体训练和技术训练等进行，防止由于身体与技术水平低而限制战术能力的发挥。

复习思考题

1. 如何组建学校体育代表队？

2. 在学校课余运动训练中，如何进行速度、力量、耐力、灵敏和柔韧等素质的训练？

3. 动作技能训练的方法和要求有哪些？

第三节　课余运动训练的原则

学校课余运动训练原则是其训练经验的总结和概括，是训练客观规律的反映，是训练工作应当遵循的准则。

学校课余运动训练的对象是承担繁重学习任务的青少年学生，主要是在学校教育环境中进行训练的，因此训练特点有学生性和教育性等，训练应当贯彻“选好苗子，打好基础，系统训练，积极提高”的指导思想。训练原则也有本身的特点，有别于一般训练原则。

一、教育性原则

（一）定义

在运动训练过程中，准确地把握全面贯彻教育方针的正确方向，培养学生运动员成为德智体全面发展的社会主义建设人才。

（二）教育性原则提出的主要依据

1. 教育方针指导学校一切教育工作，课余运动训练是学校教育工作的组成部分，因此必须符合教育方针的要求。

2. 课余运动训练是一种特殊的教育过程，学校无小事，处处是教育。课余运动训练要提高学生运动员的竞技能力和水平，也要促进学生身心素质的发展，达到教育方针的规定标准，为国家培养合格的人才。

3. 满足学生身心发展的需要：学生生理方面的发展（自然发展）与心理方面的发展（社会发展）是密不可分的，两方面平行协调地发展是成为合格的社会成员的必要条件。运动训练以身体练习为基本手段，具有多种功能，可有效地促进学生运动员身心素质的发展。

（三）贯彻教育性原则的基本要求

1. 树立正确的学校课余运动训练观点，克服单纯“技术第一”和“运动成绩至上”等片面观点，用教育方针指导课余运动训练。

2. 将“育人”精神贯穿到训练的全过程和各个环节之中，结合训练工作有机地进行。

3. 创设良好的育人情境，体育教师（教练员）的规范的言行仪表是具有重要作用的因素。

4. 密切与班主任、团队组织的联系，齐抓共管，完成训练育人的任务。

二、学训结合原则

（一）定义

在进行正常学习的基础上开展学校课余运动训练，通过运动训练促进学习。

（二）学训结合原则提出的主要依据

1. 贯彻教育方针的要求。学生运动员将来都是公民，任何一名公民都应具有一定文化水平。对学生运动员的训练，一定要做到训练不忘学习，认真进行思想品德、意志品质和纪律作风的培养。

2. 受学校课余运动训练性质和特点的制约，学校课余运动训练是利用文化课学习以外的时间进行的，学生运动员主要任务是达到学校教育目标。文化课学习花费学生大量的时间和劳动，学生学习成绩优良，参加训练会减少后顾之忧；参加适当的课余运动训练，能活跃身心，培养意志，又有利于完成繁重的学习任务。学习与训练相辅相成，紧密结合，能互相促进。

3. 有利于改变国家优秀运动人才的智能结构。学生运动员当中，将来有一部分人加入国家优秀运动员队伍。具有一定文化水准的学生运动员的加入，会提高运动人才队伍的文化素质，有利于提高训练水平和运动成绩。

（三）贯彻学训结合原则的基本要求

1. 有关人员要端正态度，提高认识，克服和扭转单纯训练观点、技术第一思想和训练必然影响学习等片面认识。学校各级领导（含校长、主任、班主任以及体育教师）思想要一致，层层贯彻学训结合原则。学生运动员也要正确认识这个问题，认真学习，努力完成学习任务和训练任务，坚决克服运动成绩好而学习差无关大局的思想，自己把握全面发展的方向。

2. 制定切实可行的保证学训结合的规章制度，例如补课规定、辅导规定以及学生运动员最低学习成绩规定等。

3. 落实具体措施。例如平时坚持课余训练，假期适当集中训练，定期检查学生运动员学习状况，组织参训学生与学习优秀学生结成互帮互学的“对子”，配备优秀教师管理与指导学生运动员的学习等等。

三、基础性原则

（一）定义

学生运动员的训练为其以后长期从事高难新训练奠定全面的基础，在身体、技术、战术以及心理训练方面体现鲜明的基础性。

（二）基础性原则提出的主要依据

1. 受学校课余运动训练在整个训练体系中所处的地位制约。一般讲，学校课余运动训练处于完整训练过程的初级阶段或中级阶段（绝大多数属于前者），从参训学生中选拔少量的优秀人才进入中、高级训练阶段，从事高级的训练，攀登世界体育高峰。学校课余运动训练如果急功近利，过早地进行大运动负荷的高难训练，等于拔苗助长，违反少年运动员成才的训练规律，优秀的少年运动员可能“昙花一现”，运动寿命很短，过早退出运动舞台。

2. 受学校课余运动训练目标的制约。学校课余运动训练的主要目标是培养全面发展的优秀体育运动后备人才，其基本任务是培养，是输送，不是培养最终的“成品”，但它却影响最终成品的质量，因为最终的成品是在它创造的基础上再加工而成的。

3. 受参训学生年龄特征的制约。参训学生中绝大多数是身体正处于生长发育阶段的青少年儿童，由于生理、心理发育的不成熟，由于运动经验的不丰富以及身体素质发展水平参差不齐等原因，一般不宜进行大强度的、专门化的高难新的训练。

4. 受学校训练条件的制约。我国学校课余运动训练的各种条件虽然有一定基础，但师资训练经验与能力、训练所需要的物质技术条件水平等都不是高的，可以从事基础训练，但进行高级训练的条件很不充分。

（三）贯彻基础性原则的基本要求

1. 制定学校课余运动训练大纲，明确训练的目的与要求。

2. 进行目标训练。不同训练阶段，有不同水平的训练目标，防止大量超前、超目标的急功近利式的训练。

3. 建立学校课余运动训练的检查评估制度，制定评估标准、评估内容和评估方法等一系列的具体措施，督促贯彻基础性原则。

4. 开展有关的科学研究，进行学术交流，推广先进经验。

四、全面性原则

（一）定义

对学生运动员进行身体、技术和战术等方面全方位的训练，并应促进其德智体全面发展。

（二）全面性原则提出的主要依据

1. 提高竞技能力的需要。竞技能力是受身体、技术和战术等多因素影响的，只有进行全面性训练，才能有效地提高学生运动员的竞技能力。

2. 实现学校课余运动训练目的任务的需要。学生运动员应达到学校教育的培养目标，具有一定广度和深度的文化科学知识，具有相应的道德品质和健康，因而必须贯彻全面性训练原则。

（三）贯彻全面性原则的基本要求

1. 树立正确的学校课余运动训练的指导思想，认真贯彻全面性训练原则，克服片面的课余运动训练观念，如“技术第一”“锦标主义”以及“运动成绩好就是一切”等。

2. 制定系统的周密的训练计划，全面合理地安排训练内容、方法与手段，有计划、有目的地进行全面性训练。

3. 制定切实可行的制度，保证贯彻全面性训练原则。如加强运动员思想品德教育的制度、保证文化课学习质量的制度和健康检查制度等。

五、持续性原则

（一）定义

坚持周周训练，月月训练，常年与多年连续训练，不断地提高训练水平。

（二）持续性原则提出的主要依据

1. 学生运动员处于基础训练阶段，各方面都很稚嫩，经验不足，只有持续性地进行训练，才能在各个方面不断进步，才能不间断地提高整体训练水平。

2. 学生运动员在学校连续学习多年，课余进行多年运动训练是可能的，持续性运动训练与持续性学习可以并行不悖。

（三）贯彻持续性原则的基本要求

1. 认真选材，使入选的学生运动员能连续进行多年的运动训练。

2. 制定多年完整的训练计划，包括多年训练计划，学年、学期、阶段及课时训练计划，既体现训练阶段的不同，又保证训练的持续性。

3. 加强训练过程的管理，避免影响持续性训练的因素（如伤病或学习、品德等方面的因素）的出现，坚持科学化训练，保持各种训练因素相对稳定是重要的。

六、个别化原则

（一）定义

根据训练任务和学生运动员的个人具体情况，分别制定训练计划并进行训练。

（二）个别化原则提出的主要依据

1. 学生运动员之间存在着明显的个体差异，课余运动训练要针对每个学生运动员的具体情况，采用不同的措施，有针对性地进行训练，可收到事半功倍的效果。

2. 创造优异的运动成绩是以个人的实力为基础的，不仅单人项目如此，集体项目也如此，只有坚持个别化训练，才能加强每一个学生运动员的实力。

（三）贯彻个别化原则的基本要求

1. 建立运动员档案制度，为每一个运动员建档，详细保存运动员个人的各种资料。

2. 制定个人训练计划，包括训练目标、内容、方法、手段以及运动负荷等。

3. 每个队员写训练日记。

4. 体育教师（教练员）与运动员建立友好、民主和平等的关系，及时和经常了解队员的情况。

七、适度性原则（亦称“量力性”原则）

（一）定义

运动训练过程对学生运动员机体进行良性刺激，有利于提高训练水平和促进全面发展。

（二）适度性原则提出的主要依据

1. 机体受到良性刺激会产生良性变化，训练过程中运动负荷的安排要适宜，训练的正效应会产生。

2. 青少年学生运动员身体未发育成熟，接受适度的刺激，有利于健康，还有利于延长运动寿命，减少伤害事故。

3. 训练过程中，适度的刺激会使学生运动员产生愉快的情绪，焕发精神，不仅有利于提高学习效率，而且有利于培养运动兴趣，对终身体育态度与行为的形成产生有效的影响。

（三）贯彻适度性原则的基本要求

1. 用整体观指导课余运动训练，在分析研究学生运动员机体承受能力时，要综合分析学生运动员所承受的各种负担，包括学习、生活和训练等方面。训练负担只是其中的一种，防止不顾其他负担而单单考虑训练刺激负担的片面思维方法。

2. 了解情况，从实际出发安排训练计划。经常了解参训学生的有关情况，有的放矢地安排运动训练的负荷。例如在每学期开学初期和期末复习迎考阶段，一般讲运动负荷应该减小，在假期则应加大运动训练负荷。对参训学生的健康、伤病状况以及女生运动员的例假情况等，均应了解。

3. 课余运动训练要掌握适当的训练频度，即每周训练的次数要适宜。天天训练还是隔日训练一次，都要以适度为原则。

4. 合理安排每一次训练的运动负荷，如每次训练总时间是多少、训练过程中运动负荷量与强度关系如何处理、运动负荷与间歇的关系以及间歇方式和时间长短等等，作统筹规划与安排，都要有适宜的度。

5. 加强运动负荷的调控能力。体育教师或教练员要具有安排、评价和调节运动负荷的知识、经验和方法，根据各种方法和途径所获得的有关信息资料，及时地和准确地调节运动负荷是很重要的，对保证运动训练的适度性具有积极作用。

八、激励性原则

（一）定义

对学生运动员参训行为给予鼓励与强化，使其产生增力情感和巨大的训练动力，勇敢顽强和高标准地完成训练任务。

（二）激励性原则提出的主要依据

1．提高学生运动员主观参训积极性的需要。运动训练是主体性很强的行为，在高度自觉的基础上才会产生积极的训练行为。外界因素给予强化和鼓励，会提高参训学生的运动训练价值观，形成参训的进取动机，产生强大的内在动力，英勇拼搏，克服困难，不断前进。

2．培养参训运动员成就动机的需要。辛勤的耕耘，会结出丰硕之果。学生运动员任何成功、进步与成就，都是训练劳动的结果。这些劳动成果，都需得到社会的承认。及时地给予承认，就是一种最有用的激励方式。通过激励，参训学生会产生向更高的目标奋斗的要求——新的成就动机产生，由此产生更大的训练力量，积极投入新阶段的训练之中。

（三）贯彻激励性原则的基本要求

1．抓住时机，及时进行。在整个训练过程中，任何时候和任何场合需要鼓励与表扬时，都要当机立断，予以激励，这样才能收到立竿见影的效果。

2．利用多种方式与途径进行激励，例如物质与精神的，集体的与个别的，集中的（阶段的）与分散的（随时的），领导的与教师的等。

3．采用总结、评比、表扬等方法，适时有效地进行激励。

4．制定有关的奖励制度或规定，认真执行。

九、渐进性原则

（一）定义

按照运动训练规律，循序渐进，逐渐提高训练水平与运动成绩。

（二）渐进性原则提出的主要依据

1. 由量变质变规律决定的。运动训练在学生身上所产生的效应，是由微小的量变一点一点开始的，按照一定的规律，积累到一定阶段，才可发生较明显的质的变化。

2. 由人体适应性规律决定的。参训学生身体对运动训练负荷的反应，遵循适应——不适应——再适应这样反复循环的过程，也是恢复——疲劳——再恢复的过程。这个过程，在生理与心理各个领域中是循序渐进发生的。

3. 由动作技能形成与提高规律决定的。动作技能由不熟练到熟练和由低水平到高水平也是一个渐进的过程。

（三）贯彻渐进性原则的基本要求

1. 树立正确的课余运动训练观，防止将成人的训练措施与办法硬搬到青少年学生训练中来，防止将专业队和职业队训练的做法简单地挪到学生课余运动训练中来。

2. 制定有关的训练计划，保证训练过程的渐进性。计划既有长期的训练目标，又有不同阶段的具体训练目标，一个具体目标实现后，再向另一个新的具体目标前进，一步一步地达到长期训练的目标。

3. 制定具体的训练内容、方法和组织措施时，要体现由易到难、由简到繁和由低到高的精神；在安排运动训练过程的运动负荷时，要贯彻小、中、大运动负荷相结合和运动负荷呈现波浪式增加的要求，处处体现出渐进性的要求。

4. 按照渐进性要求制定各种不同阶段的运动训练水平的检查评估制度。

十、灵活性原则

（一）定义

在遵循运动训练一般规律的基础上，从实际出发，为提高训练质量，可对原训练计划作适当的和有目的的调整。

（二）灵活性原则提出的主要依据

1．符合唯物辩证法精神。实事求是，具体问题具体分析，防止机械唯物论和形而上学造成的僵化、死板和片面等认识，永远掌握运动训练的主动权，驾驭运动训练过程并使之朝着既定的目标发展。

2．受运动训练过程出现复杂多变情况的影响。运动训练由多种因素所组成，其中许多因素是经常发生变化的，在事先制定的训练计划中可能预料不到，甚至完全没有预料到，这时必须以提高训练效果为目的而灵活机动地调整原来的训练计划，这正是坚持了实事求是和辩证唯物主义思想，避免了机械唯物论和形而上学。

（三）贯彻灵活性原则的基本要求

1．树立实事求是的辩证唯物主义世界观与方法论，将学校课余运动训练看做是一个受多种变量影响的不断发展、变化与运动的过程，对训练过程中出现的新情况和新问题有充分的心理准备。

2．具有丰富运动训练知识与经验，具有较强的应变能力和技巧，始终掌握运动训练的主动权，保持正确的发展方向。

3．提高观察与分析能力，能及时发现训练过程中出现的各种新的情况与问题，并能及时判断发生的原因，便于立即采取有针对性的措施。

复习思考题

学校课余运动训练原则有哪些？如何贯彻这些原则？

第四节　课余运动训练的方法

在本章第二节中已经阐明了重复训练法、变换训练法、局部训练法、整体训练法、直观训练法、表象训练法和强化训练法等，下面再讲述几种其他训练方法。

一、连续训练法

是在规定的时间里，无间歇地连续进行练习的方法。

运用连续训练法时，训练条件如运动负荷、动作组合和训练环境等等，可以改变也可以不改变，因而周期性与非周期性项目均可运用。

连续训练法主要用于发展身体素质、增进人体内脏器官机能和提高动作技能水平，应根据不同的目的，有效地加以运用。如为发展身体素质和改善内脏器官机能，运用此法时要注意运动负荷的适宜性；如为提高动作技能水平，运用此法时则应严格按照动作技术原理规定进行。

二、间歇训练法

是在练习之间严格规定间歇时间的训练方法。

运用间歇训练法，除间歇时间较固定外，其他条件可变也可不变。但是，间歇时间必须控制在机体未完全消除疲劳的规定之内。

间歇训练法主要用于发展体能、培养意志品质和提高承受运动负荷能力等方面。因为在机体处于某种疲劳状态又开始新的一次练习，容易出现疲劳积累，运动负荷刺激效果产生累积现象。对青少年学生运动员采用此法进行训练时，要循序渐进，有适应过程，开始时运动负荷要小些，间歇时间长些。经过一段适应期，可加大些运动负荷，或缩短些间歇时间。一定要加强医务监督，了解参训学生身心的反应，既保证健康，又提高训练水平。

三、互助训练法

是运用互相帮助的方式进行训练的方法。

运用互助训练法的目的，可以是加强安全感、减少恐惧感；也可以是通过施加助力或阻力，加强完成正确动作时机体的本体感觉；还可以是改进和提高动作技能水平等等。

互助训练法可以培养合作、关心的意识与情感，有助于发挥学生运动员的主体作用，提高训练水平。运用此法要在发挥体育教师或教练员主导作用的基础上进行，将教师的主导作用与学生运动员的主体作用紧密结合起来，产生巨大的合力，有效地完成训练任务。

四、游戏训练法

是以游戏方式进行训练的方法。

运用游戏训练法可以活跃学生运动员的身体与精神，调节情绪，培养机智、灵活、勇敢、顽强、团结、协作和诚实等优良品质；也可以发展身体素质和运动能力，增强体质；还可以发展智力等。因而游戏可以作为训练的一个内容，也可以作为训练的一种方法。

运用游戏训练法应根据需要（目的）选择适当的游戏，认真组织游戏（准备、实施和评价），提高游戏法的质量，达到预期的训练目的。

五、比赛训练法

是运用比赛方式进行训练的方法。

比赛法是在竞争条件下进行的，参赛的队员身心都紧张，兴奋性也高，气氛与情绪都比平时激动，而且能以最大的努力参加比赛，表现出自己训练的最高水准，可以巩固并提高训练的成果。

运用比赛法的目的有多种，可以是动作技能比赛，也可以是身体素质的比赛，还可以是整体实战能力的比赛，所以要依据某种目的安排相应的比赛。但是比赛法不宜多用，而且在运用过程中要做到各项准备工作周全、认真，组织严密（如分队时实力大体相似），规则明确而具体，裁判公正、认真，结果正确，安全措施落实。

六、反馈训练法（亦称“知道结果”训练法）

是运用获得的反馈信息指导或调整训练的方法。

运动训练是一个自组织系统，通过信息的传递随时控制、指导与调整训练过程，向着既定的目标发展。没有反馈，就没有有效的训练过程，也就没有高质量的训练结果。

反馈的目的有的是改进提高动作技能水平，有的是强化行为，有的是强化动机等；反馈的种类有外反馈与内反馈，有同时反馈与终末反馈等；反馈的方式有语言的，有身体动作的，还有表情的等。根据需要，运用适当的反馈，是完成训练任务的必需的手段。

七、负重训练法

是在身体负重情况下进行训练的方法。

运用负重法进行训练，加大了做动作的难度，也加大了运动负荷的刺激强度，主要用于发展身体素质和体能，培养顽强意志品质等方面，在身体训练中应用较多。

运用此法时，应根据训练任务和参加训练学生的年龄、性别等具体情况，明确负重训练的目的、在何部位负重、重量多大、周负重训练几次等，贯彻渐进性原则、适度性原则和全面性原则等，注意及时放松有关的肌肉，防止局部负担过重，影响机体的正常生长发育。

八、综合训练法

是将两种以上的训练方法综合到一起进行训练的方法。

九、循环训练法

循环训练法详见第四章第二节的“二”。

复习思考题

学校课余运动训练常用的方法有哪些？举例说明。

第三篇
基本技能

第七章 体育课的组织与准备

第一节 体育课的类型

体育课类型的划分和正确运用，对完成体育课教学任务有重要意义。

体育课的类型较多，总的来讲，可分为理论课与实践课两大类。

一、理论课

理论课是在室内以讲授为主、向学生传授体育基础知识和基本技术的一种课的类型。

每一学期开学的第一次体育课，教师都要向学生宣布本学期的教学任务与要求、教学内容与考核项目标准。对刚入学的新生班级，要进行本校开展体育活动的优良传统和体育课常规教育，使他们明确学校体育的意义，树立为社会主义建设而锻炼身体的指导思想。因此，把每学期开学的第一次理论课称为引导课。引导课的组织方法，一般是以课堂讲授为主，并辅以一定的身体练习。新学年开始，在引导课上也可以进行体育小组的分组或调整工作。

根据小学体育教学大纲的要求，理论课应有计划地讲授小学生体育常识。主要是深入浅出地向学生讲清体育的意义，锻炼身体的好处，科学锻炼身体的方法。低年级也可用讲故事等方法，鼓励小学生积极地参加体育锻炼。

二、实践课

实践课是指在操场上（或体育馆里）进行的身体练习课。它是根据小学体育教学大纲规定的内容进行的。通常所说的体育课，主要是指实践课。

在我国，小学体育实践课，按课的具体任务可分为新授课、复习课、综合课和考核课四种类型。

（一）新授课

新授课是以学习新教材为主的课。在组织新授课时，一般应注意以下几点：

1. 要正确地讲解示范，使学生对所学的教材内容形成正确的和完整的概念，明确动作要领，以激发学生的学习兴趣。

2. 根据教材的性质和学生的实际情况，科学地安排教学步骤，提高教学效果。

3. 对教材内容的重点与难点、主次环节要分清，以使学生较快地掌握动作。

4. 要根据本课的任务，适当地安排与调节好课的运动负荷。这是掌握动作技术和形成动作技能所必需的，也是发展身体和增强体质必不可少的。

（二）复习课

复习课是复习已学过的教材内容的课。通过复习课能进一步巩固提高动作技能，增强学生的体质。

为提高复习课的效果，在教学时一般应注意以下几点：

1. 复习课不应简单地理解为重复已学过的教材内容，而应根据教学进程及学生情况，逐渐提高对复习内容的要求，并采取相应的教法措施来实现这一要求。

2. 由于学生在学习过程中出现的问题各异，在复习课中，应在集体指导的基础上加强区别对待，提出不同的要求。对部分基础差的学生，应在指出他们的主要错误及产生原因的基础上，采取有效措施，帮助他们改正动作，树立信心。对部分基础好的学生，应根据具体情况，适当地提高要求。

3. 教师要合理地增加运动负荷，对发展身体实效大的练习，要反复进行，使学生更好地掌握技术，增强体质。

（三）综合课

综合课是学校体育课中最普遍的一种，尤其是小学体育课多数属于这种类型。它既有新授教材，又有复习教材，同时还适当地安排了一些发展身体素质的练习。

为了提高综合课的教学效果，在教学时一般应注意以下几点：

1. 在安排教学内容时，要把新旧教材，不同性质和不同难易程度的教材相互搭配起来。

2. 要科学安排教学步骤，如项目的先后顺序、运动负荷的大小、时间分配和分组方法等，都要从教材性质与学生的实际出发。

3. 教师要重点指导新教材，复习教材由小组长负责组织，教师兼顾。

（四）考核课

考核课是以检查学生成绩为主的课。

为了提高考核课的教学效果，在教学时一般应注意以下几点：

1. 教育学生明确考核的目的，端正态度。

2. 在考核课中，除了安排考核项目外，还要安排一个复习教材，这样既有效地利用了课堂时间，也兼顾了学生身体的全面发展。

3. 考核时，由于运动强度较大，应充分做好准备活动和加强安全措施。

4. 做好场地、器材和考核的登记表格等准备工作。

复习思考题

为提高体育课的教学效果，在组织不同类型课的教学时，一般应注意些什么？

第二节　体育课的结构

一、体育课结构的概念

课的结构是指组成一堂课的相互联系的几个部分，以及各个部分教材内容和组织工作的安排顺序与时间的分配等。

体育课结构的几个部分，是根据人体生理机能活动能力的变化规律确定的，它是任何一堂体育课都必须遵循的规律。而各个部分的具体内容与组织工作和时间分配，则可根据课的任务、学生特点、场地器材与季节气候等条件具体安排。

人体从相对安静状态到进入工作状态，其机能活动能力总是从相对的较低水平逐步地提高到较高水平，然后在相当的时间内保持较高的水平，最后又逐渐下降（图 10）。

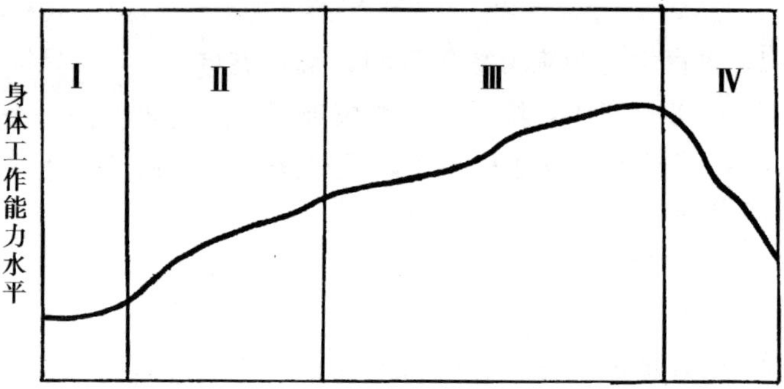

Ⅰ为课前阶段　Ⅱ为工作能力上升阶段　Ⅲ为工作能力相对稳定阶段　Ⅳ为工作能力下降阶段

图 10　学生身体工作能力变化示意图

二、课的三个部分

根据人体生理机能活动变化的规律，体育课的结构可相应地分为准备、基本和结束三个部分。

（一）准备部分

1. 任务：用较短的时间，迅速将学生组织起来，集中注意力，明确任务与要求，调动学生学习的积极性，使他们精神振奋和情绪饱满地开始一堂课的学习；做好准备活动，使身体各器官系统机能提高并进入工作状态，为基本部分的学习做好充分准备。

2. 内容：整队，体育委员向教师报告出席、缺席人数，教师简明地说明课的内容及要求，检查服装，安排见习生。

课堂常规练习，主要是迅速地把学生组织起来，明确任务，集中注意力，调动积极性，或进行一些队列队形练习等。

一般性准备活动，包括身体的一般发展练习，主要是促进学生身体全面发展，使全身各主要肌肉群、关节、韧带都得到充分活动。特点应注意加强弱小肌肉群的练习，注意动作的准确性，严格要求，按照动作的规格进行练习，培养学生具有良好的体态和正确的姿势。

专门性准备活动，主要是使与完成基本部分主要教材有关的肌肉群、关节、韧带和器官，以及各系统的机能做好充分的准备。大部分是一些模仿基本部分内容的练习、辅助练习或诱导性练习。专门性准备活动可全班做，也可在学生分组学习不同教材前做。

准备部分任务完成得好坏，将直接影响基本部分任务的完成，它对增进健康，增强体质，防止伤害事故，掌握体育知识、技术和技能都有重要意义。因此，教师应注意加强准备部分的教学和教育工作。

准备活动一般都采用集体形式进行的方法。可做定位操，也可做行进间操，在队形上还可根据具体情况加以变化，以提高学生的兴趣。

小学的体育课，不需严格区分一般准备活动和专门准备活动。小学低年级体育课的准备活动，可采用模仿体操或表情操（歌舞）等形式进行。

准备活动的时间，在40分钟的课中，大约占8分钟左右。

（二）基本部分

1. 任务：学习新教材，复习已学过的主要教材。通过学习和复习，使学生掌握体育的知识、技术和技能，发展身体素质，增强体质，培养共产主义道德意志品质。

2. 内容：执行大纲所规定的教学内容。

组织进行基本部分的教学，应注意以下几点：

(1) 要合理安排好主要教材的学习顺序。一般应把新教材和较复杂的教材放在基本部分的开始，以便学生用饱满的精神和充沛的体力去完成学习任务。对于容易引起高度兴奋的教材，一般放在后面，以免过度兴奋，影响其他教材的教学。

从人体生理机能活动的规律看，对发展身体素质的教材，应把发展速度和灵敏的教材放在前面，把发展力量和耐力性的教材放在后面，同时注意身体不同部位的练习应交替进行。运动负荷的安排要逐步和有节奏地增大。

(2)应根据课的任务和主要教材的性质与学生的特点，正确地选配与安排好一些必要的辅助练习。还可针对学生的具体情况，有针对性地选择发展身体某些肌肉力量的练习。这些练习可放在基本部分的后部，采用全班集体或循环练习的方法进行。

(3) 要善于根据课的任务、教材性质、学生特点和场地、器材设备等具体条件，合理地安排与掌握好课的运动负荷，安排好练习与休息的时间，使之合理地交替进行。

(4) 根据学生人数、教材特点、场地和器材条件，可采用全班的、分组的或个别的形式进行教学。分组练习时可采用分组轮换和分组不轮换的方法。

基本部分的时间，在 40 分钟的课中大约安排 28 分钟左右。

（三）结束部分

1. 任务：有组织地结束教学活动，使学生逐渐地恢复到相对安静状态。进行课的小结，布置课外作业等。

2. 内容：一般选择一些逐步降低运动负荷和活跃身心的练习，如轻松自然的走步和徒手的放松练习，小结本课学习情况，表扬好人好事，布置课外作业，收回器材和预告下次课的内容等。

结束部分的活动，一般都以全班集体的形式进行。

结束部分的时间，在 40 分钟的课中大约安排 4 分钟左右。

复习思考题

1. 什么叫体育课的结构？
2. 体育课准备、基本和结束部分的任务有哪些？
3. 组织进行体育课基本部分的教学，应注意哪几点？

第三节　体育课的组织

课的组织工作是指在体育课上合理地组织学生进行练习。根据教学任务、教材性质、学生特点和作业条件来确定组织学生进行练习的形式和方法，这是完成教学任务和提高教学质量很重要的方面。

在我国小学体育课上组织学生的方法有三种，即全班、分组和个别教学。

全班：即全班学生根据教师提出的任务和要求，在教师统一指导下进行练习的组织形式。一般在课的开始、准备活动、发展身体素质练习和放松整理活动时用得较多。

分组：就是把全班学生分成若干小组进行教学。

个别：在体育教学中，个别学生的健康状况、体育基础和接受能力存在明显差异，这就要求在全班和分组指导的同时，尽可能加强个别教学，尤其对体育基础较差的学生，要耐心地加强指导。

一、体育课的分组

（一）课堂分组

课堂分组又分为固定分组和临时分组。固定分组是按学生年龄、性别、健康状况和体育基础等条件，把全班学生分成若干组。在分组时，一般以一种条件为主，兼顾其他条件，临时分组是根据教学任务、教材性质、学生掌握某项教材的水平以及场地、器材条件，在课上临时分成若干小组。

（二）分组教学

分成若干小组进行教学能更充分地利用场地和器材设备，增加学生练习和掌握技术的机会，加大课的运动负荷，有利于培养学生团结友爱和集体主义精神，还有利于培养学生独立锻炼的能力。但不足之处是教师难于全面照顾和深入指导。

二、分组教学的组织形式

分组教学的组织形式，一般有分组不轮换和分组轮换两种。

（一）分组不轮换

把学生分成若干组，在教师统一指导下，按教材顺序，依次进行练习。这种形式便于教师统一指导和全面照顾学生，能合理安排教材顺序和运动负荷。但采取这种形式，对场地和器材设备的数量要求较高。

（二）分组轮换

把学生分成若干组，在教师指导和体育小组长的带领下，各组学生分别学习不同性质的教材，按预定时间，互相轮换。在场地和器材不足的情况下，这种形式可使学生获得较多的练习机会，也可锻炼学生独立工作的能力。但不足之处是教师不易全面细致指导，在合理安排教学顺序和灵活掌握教学时间上也存在一定困难。目前在我国小学体育课中多采用分组轮换的组织形式。因此，在采用这种形式时，应注意以下几点：

1. 教师应把主要精神放在学习新教材的小组，适当照顾复习教材小组，如果都是复习教材，则应重点照顾练习难度较大的小组。

2. 安排教材的轮换顺序时，应照顾体弱组和女生组，使他们获得较好的学习条件。

3. 做好分组的组织工作，以便迅速而有秩序地进行轮换。

4. 培养好体育小组长，使他们在课中充分发挥助手作用。

分组轮换的形式很多，在小学目前采用的有以下几种（以两项教材为主，全班分成四组为例）：

一次等时轮换。上课时，两个组学习新教材，另两个组复习旧教材，到时轮换（图 11）。28 分钟完成两项基本教材。

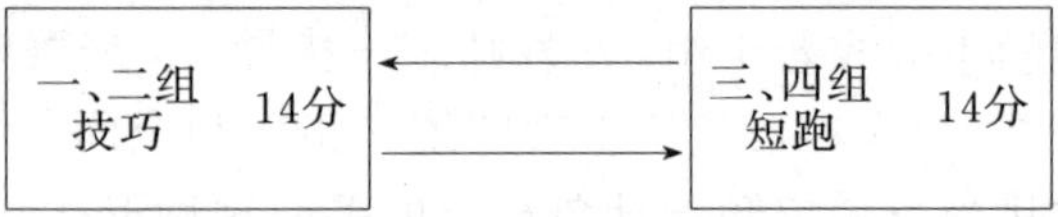

图 11　一次等时轮换

两次不等时轮换。由于技巧器材不足，连一半学生练习都解决不了，则可加一个能补充技巧教材的辅助练习（图 12）。

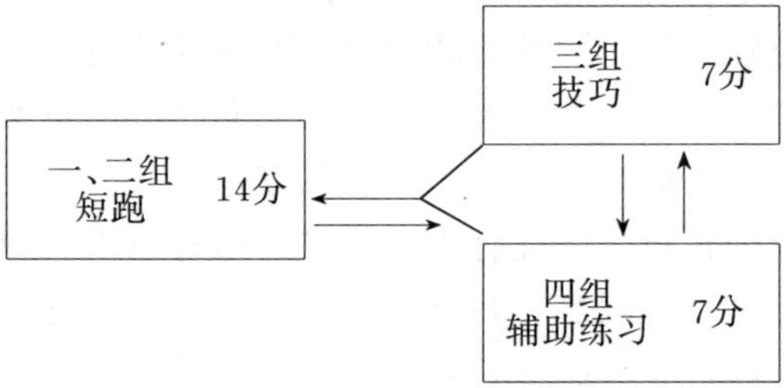

图 12　两次不等时轮换

先分后合一次轮换。一项可全班同时进行，另一项由于器材不足可加一个辅助练习，用先轮换后集中（或先集中后轮换）的方法（图 13）。反之，先合后分式也可以。

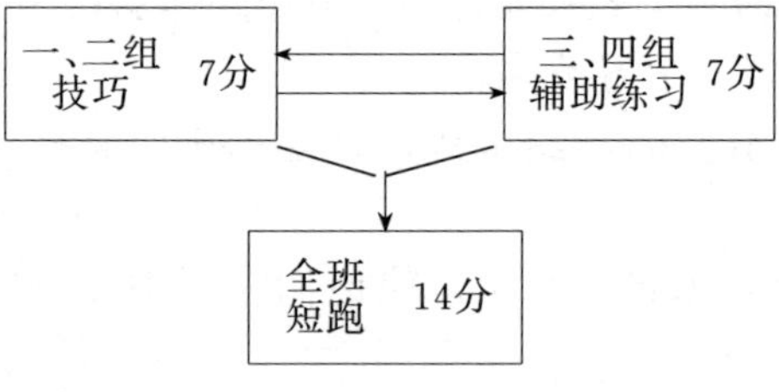

图 13　先分后合一次轮换

在一节体育课中，如果出现三个不同的教材。为此，就要将全班分为三组，采用三组两次等时轮换形式进行（图14）。

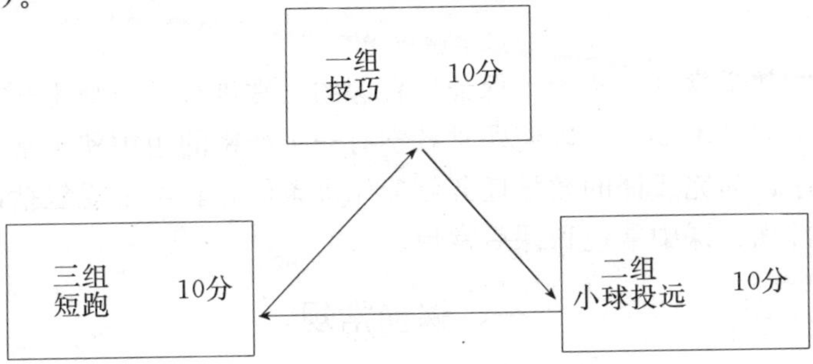

图 14　三组两次等时轮换

课上采用哪种分组教学形式，以及教学时间的分配主要应根据教学任务、教材的性质、学生人数，以及场地器材设备等条件来确定，不是千篇一律的。目前在教学实践中，小学体育课一般采用分组不轮换、两组一次等时轮换和三组两次等时轮换的组织形式较多。凡场地和器材设备条件较好的学校，尽可能采用分组不轮换的形式，以利于教学质量的提高。

复习思考题

1. 绘图说明两组一次等时轮换的形式。
2. 绘图说明三组两次等时轮换的形式。
3. 绘图说明先合（分）后分（合）一次轮换的形式。

第四节　教学常规

教学常规是指为了保证体育课的正常进行，对师生双方提出的基本要求，以使课堂教学有一个严密的组织和正常的秩序，为完成课的教学任务创造先决条件。教学常规包括课前常规、课中常规和课后常规。

一、课前常规

（一）每个学期前，教师必须根据体育教学大纲和本校场地、器材的实际情况，制定出学期计划及教学进度，交教研组讨论和审查。

（二）教师应于课前写好课时计划（教案），并将课的内容和要求通知体育委员。

（三）上课前，教师必须布置和检查场地、器材。

（四）学生因伤、病或某些特殊情况，不能上体育课或需见习时，课前应向任课教师请假，女生例假也可通过组长说明，以便教师有针对性地安排见习生的活动内容。

（五）教师应检查和整理好自己的服装仪表，提前到达规定的集合地点等候上课。

二、课中常规

（一）准时上课。上课铃响后，由体育委员及时在指定地点集合整队，检查出席人数。教师应将出勤情况做好记录并检查学生服装。

（二）上课应有礼节。体育委员整好队，下达“立正”口令，然后向教师报告出席人数。迟到的学生应向教师说明原因，经教师允许后方能入列。

（三）学生上体育课时应穿轻便服装、软底鞋（最好是运动服和运动鞋），不带有碍身体练习的物品。

（四）病弱学生、女生例假者一般都应到课见习，参加集合，由教师安排适当活动。未经教师许可，不得擅自离开课堂。

（五）教师要经常教育学生爱护体育器材，对破坏公物的学生要及时进行教育和处理。

（六）加强安全教育与措施，做好准备活动、整理活动及保护帮助。

（七）教师要以身作则，言传身教，对学生要严格要求。学生应自觉遵守课堂纪律，刻苦锻炼。

（八）在体育课中，教师与学生均不得无故离开课堂。因故不上课者，必须按规定手续请假。

（九）经常注意教学环境的卫生，场地、器材要保持整洁。

（十）按时下课，下课前教师要集合全班学生，对本课进行小结。

三、课后常规

（一）下课后，学生应按教师要求收拾好器材，保证下一节体育课的正常进行。

（二）教师在课后应主动征求学生对课的意见，及时写好教学小结，以便积累资料，改进教学。

复习思考题

教学常规有哪些具体内容？

第五节　备课

一、备课的意义

充分做好课前的准备工作，这是上好课的先决条件，也是提高教师思想业务水平和教学工作能力的一项重要措施。体育教学也不例外，尽管教师的教学年限、业务水平和运动专长等有所不同，但要想上好课，都必须认真做好课前准备工作，这样才能保证教学任务的顺利完成。因此，这就要求教师必须认真地学习，钻研教材，做好课的整体设计，书写教案。

教师因某种原因未能备好课,致使教学不能正常进行。有的虽然备了课,但由于对学生情况不明,也影响教学效果。因此，观察或评价体育教学效果，要看教师对体育知识、技能掌握与准备的情况，以及教师所具备的教育、教学等诸方面的能力如何。如果教师不掌握学生的状况（包括学生的心理状态和课前体育知识技能状态），就无法调控教学过程。体育教学还受场地设备条件、环境卫生和学生纪律等外因干扰,这就要求教师在备课时,要积极地创造教学条件,也就是说,备课不仅要备教材教法，而且要备学生，还要备场地设备。只有这样首先做好课的周密设计，才能在体育教学过程中表现出最佳的教学效果。

二、备课的内容和要求

备课应以教师个人备课为主，在个人备课的基础上，根据需要可组织集体备课和现场备课，以便集思广益，发挥集体的智慧和才能。

（一）了解情况

主要是通过班主任、班干部和团队组织，全面了解学生的人数、年龄、健康状况、学习态度、体育基础、兴趣爱好、组织纪律和个别学生的特点等。在每次课前，也应了解学生的思想、掌握教材的情况、对课的要求与意见、课上出勤人数和女生例假情况等。另外，还要了解同时上课的班级、教材内容和场地、器材情况，以及体育课前、后其他课程等。

（二）钻研教材和教法

教师应认真学习体育教学大纲和教材，系统地了解和掌握各项教材的分布、特点和意义，以及教学的任务和要求等，在这个基础上，根据学期教学工作计划的规定，深入钻研每次课的教材和教法。这是备好课的基本环节。

在深入钻研教材后，还应根据课的任务、教材和学生实际等，进一步考虑和安排课的组织、教材的先后顺序、教学步骤，以及要采取的各种组织教法措施等。

（三）编写教案

编写教案是在了解情况和钻研教材教法的基础上进行的，它是教师备课的一项重要工作（怎样编写好教案详见第七章）。

（四）培养体育骨干

有计划地培养与使用体育骨干，是上好体育课的一个重要条件，也是在教中培养学生独立工作能力的一项有效措施。

为了使体育骨干在教学中充分发挥其组织指导作用，更好地协助教师上好课，教师应在课前向他们简要说明课的任务、内容、要求、组织教法及注意事项等，并注意征求他们的意见。对一些比较困难或复杂的教材，必要时还可在课前先让他们体会一下，并使其掌握有关保护与帮助的方法，提高他们的组织指导能力，加强其责任感，以便使他们在教学中更好地发挥教师助手的作用。

（五）准备场地和器材

这是教师能否按计划完成教学任务的物质条件。因此，教师课前应把上课的场地布置好，器材、教具准备齐全，并做好安全卫生检查工作。

教师课前准备的五个方面是一个有机的整体，不可偏废，必要时可到现场备课。所谓现场备课是指教师按照教案的初步设计，将全过程、某一部分或某项内容在课前进行教学预演，通过预演，可以进一步熟悉、检查和改进原设计方案，把现场准备与教师教研结合起来。

复习思考题

1. 备课有何意义？
2. 备课的内容和要求有哪些？

第八章　体育课教学的设计

第一节　制定计划

体育课教学工作计划是学校体育工作计划的主要组成部分，是体育教师组织和进行体育课教学的直接依据。切实可行的教学工作计划能保证体育课教学工作有条不紊地进行。

制定各项计划要根据国家统一颁发的教学大纲和教材，从实际出发，结合场地器材、师资和学生的具体情况，做好内容的选择和时数的分配，对体育教学大纲规定的各年级各项基本教材内容和基本要求，都要具体体现到体育课教学工作计划中去。

体育课教学的具体任务和教学内容要按照体育课教学工作计划，通过教学实践加以实现。因此，制定体育课教学工作计划对实现学校体育目标有十分重要的意义。制定体育课教学工作计划还有助于教师全面、主动和系统地安排整个教学过程。

体育课教学工作计划一般包括学年教学工作计划、学期教学工作计划（教学进度）、单项教学工作计划和课时教学工作计划（教案）。

一、学年教学工作计划

学年教学工作计划是将体育教学大纲所规定的教材和时数合理地分配到每学年的两个学期中去，并制定出考核的项目和标准。

（一）制定学年教学工作计划的要求

1. 要使不同性质的教材合理搭配，全面发展学生的身体，每学期各类教材分量要基本相等。

2. 要注意教材的系统性，要根据教材本身的系统性，还应考虑到各项教材之间的横向联系，科学地安排两个学期的教材。

3. 教学内容安排要考虑学生的接受水平，还应因地制宜，从地区和学校的实际出发。

4. 考核项目应按照大纲的规定将不同性质的考核项目安排到两个学期中，以促进学生全面锻炼身体。

（二）制定学年教学工作计划的步骤和方法

1. 认真钻研教材内容，明确教材的性质、作用和任务，分析教材的纵横关系和邻近年级教材的关系。

2. 确定全学年和每学期的授课时数。根据学校教学计划的规定，一般全年教学授课的周数为 32 周共 64 学时，每学期教学授课的周数为 16 周共 32 学时。

3. 确定本学年和每学期的教学内容。可根据实际情况对大纲教材内容进行调整。

4. 根据学年、学期授课的总时数，参照大纲规定的各类教材的课时比重，合理分配各类教材在全年和两个学期中的总教学时数，并计算各类教材的百分比。

5. 确定3～5项考核教材。一般应选择重点教材为考核项目，并制定出科学合理的考核标准。

学年教学工作计划示例如表4。

二、学期教学工作计划（教学进度）

学期教学工作计划是根据学年教学工作计划规定的该学期的教学内容和教学时数，按教材的系统性，合理安排每次课的教学内容。

（一）制定学期教学工作计划的要求

1. 学期教学工作计划中各项教材的时数必须与学年教学工作计划规定的教学时数一致。

2. 处理好教材的先后顺序。先安排重点教材和考核教材，再根据教材的系统性和难易程度安排顺序。如速度跑应安排在跳远前面，实心球练习应安排在铅球教材的前面。

3. 注意教材的合理搭配。在一次课中一般以安排两项主要教材为宜，应对不同性质、难易程度差异较大和运动负荷不同的教材合理地搭配，使学生在一次课中得到全面的锻炼。

4. 科学确定教材的排列方式。排列的方式要考虑到教材的难度和要求、学生的水平和气候条件。如季节性项目游泳和滑冰应连续排列；重点项目课次较多，在连续安排几次达到基本掌握后再分散安排几次以利巩固提高，这是集中与分散相结合的方式；至于具有相对独立性的韵律活动和武术等教材，适合间歇排列。

5. 每学期安排两节体育基本知识课，一般情况下在开学第一节体育课即安排一节。

表 4　××小学六年级 1995～1996 学年体育教学

编号	教材内容名称		全年时数	百分比	第一学期		
					课时	教材内容	教材时数
1	体育基本知识		4	6%	2	体育课本，自选	2
2	田径	跑	16	25%	8	高抬腿跑，50 米加速跑，100 米跑	2
						定时跑 3～5 分钟	1
		跳				上步单足跳起摸高，蹲踞式跳远	2.5
		投				单双手胸前推实心球，掷沙袋	2.5
3	基本体操	徒手操	7	11%	4	徒手操	1
		器械操					
		跳绳				跳绳	1.5
		攀爬				爬绳	1.5
4	体操	技巧	11	17%	5	侧手翻，仰卧起坐	1.5
		支撑跳跃				山羊分腿腾越	2
		单杠				跳上支撑前翻下向前挺身下杠	1.5
5	球类		8	13%	4	篮球基本技术，教学比赛	4
6	武术		4	6%	2	基本动作，组合练习	2
7	韵律活动		6	9%	2.5	韵律操，动作组合	2.5
8	游戏		8	13%	4.5	自选	4.5
总　计			64	100%	32		32

考核项目和标准	学期		第一学期				
	项目		50 米跑（秒）	立定跳远（米）	跳绳（1分30秒）	侧手翻	分腿腾越
	优	女	8.5 秒	1.57	190 次	姿势正确，部位准确，动作轻松协调优美	同左
		男	8.2 秒	1.59	170 次		
	良	女	9 秒	1.48	170 次	姿势正确，部位准确，动作较轻松协调优美	同左
		男	8.6 秒	1.50	150 次		
	及格	女	9.2 秒	1.38	140 次	姿势基本正确，部位较准确，动作欠轻松协调优美	同左
		男	8.8 秒	1.41	135 次		

工作计划示例　　任课教师______　____年___月___日

<table>
<tr><td colspan="3">第二学期</td><td rowspan="2">完成情况</td></tr>
<tr><td>课时</td><td>教材内容</td><td>教材时数</td></tr>
<tr><td>2</td><td>体育课本,自选</td><td>2</td><td rowspan="20"></td></tr>
<tr><td rowspan="4">8</td><td>后蹬跑,25 米往返跑</td><td>1.5</td></tr>
<tr><td>400 米,障碍跑</td><td>1.5</td></tr>
<tr><td>纵跳摸高,跨越式跳高</td><td>2.5</td></tr>
<tr><td>掷沙袋,掷手榴弹</td><td>2.5</td></tr>
<tr><td rowspan="4">3</td><td></td><td></td></tr>
<tr><td>沙袋操</td><td>1</td></tr>
<tr><td>跳长绳</td><td>1</td></tr>
<tr><td>爬绳</td><td>1</td></tr>
<tr><td rowspan="3">6</td><td>手倒立,俯卧撑,前后滚翻</td><td>2</td></tr>
<tr><td>箱上前滚翻</td><td>2</td></tr>
<tr><td>前翻上</td><td>2</td></tr>
<tr><td>4</td><td>排球基本技术,教学比赛</td><td>4</td></tr>
<tr><td>2</td><td>基本动作,套路练习</td><td>2</td></tr>
<tr><td>3.5</td><td>舞蹈,艺术体操</td><td>3.5</td></tr>
<tr><td>3.5</td><td>自选</td><td>3.5</td></tr>
<tr><td>32</td><td></td><td>32</td></tr>
</table>

<table>
<tr><td colspan="5">第　二　学　期</td></tr>
<tr><td>400 米跑（秒）</td><td>跨越式跳高(米)</td><td>掷沙袋（米）</td><td>爬　绳（米）</td><td>前翻上</td></tr>
<tr><td>1 分 24 秒</td><td>1.05</td><td>20.6</td><td>17.0</td><td rowspan="2">同侧手翻标准</td></tr>
<tr><td>1 分 17 秒</td><td>1.10</td><td>31.2</td><td>19.5</td></tr>
<tr><td>1 分 30 秒</td><td>1.00</td><td>17.3</td><td>12.5</td><td rowspan="2">同侧手翻标准</td></tr>
<tr><td>1 分 23 秒</td><td>1.05</td><td>27.6</td><td>15.0</td></tr>
<tr><td>1 分 36 秒</td><td>0.90</td><td>14.0</td><td>8.0</td><td rowspan="2">同侧手翻标准</td></tr>
<tr><td>1 分 28 秒</td><td>0.95</td><td>24.1</td><td>10.5</td></tr>
</table>

（二）制定学期教学工作计划的步骤与方法

1. 根据学年教学工作计划中本学期各项教材分配的教学时数，计算出各项教材在该学期应出现的课次，如每次课安排两项教材，则该教材出现的课次为该教材时数乘以 2 所得的积。

2. 根据教材性质、难易程度、系统性，以及教材对学生身体的影响和地区气候条件，把各项教材按应出现的课次安排到每次课中。尤其要重视重点教材安排的科学性和合理性。

3. 身体素质教材的搭配应考虑到本课教材对身体影响的局限性，安排有利于学生身体全面发展的素质练习。

学期教学工作计划（教学进度）示例如表 5。

学期教学工作计划的另一种格式是按照周次和课次的顺序，写出每次课的教学内容。

三、单项教学工作计划

单项教学工作计划是指某项教材内容按照教学进度规定的课次，制定总体的和每次课的教学任务、重点、要求，以及每次课的教法手段。体现了单项教学过程的系统性和连贯性，是教师编写教案的依据。

（一）制定单项教学工作计划的要求

1. 全面分析学生的基本状况，使教学任务和要求符合学生的水平，使计划切实可行。

2. 认真钻研教材，每次课的任务要系统连贯，重点明确，要求具体，教法具有针对性、实用性和渐进性。

3. 单项教学工作计划中确定的课次必须与教学进度规

定的课次相等。

（二）制定单项教学工作计划的步骤和方法

1. 确定该项教材的总任务、总要求和教学重点。

2. 根据教学时数和教材的难易程度，提出各次课的教学任务和要求。

3. 确定各次课中的教学重点。

4. 根据本次课的任务、要求、重点和学生的情况，选择有效的教法手段。

5. 按照大纲要求和学生的实际，定出考查方法和评分标准。

单项教学工作计划示例如表 6。

四、课时教学工作计划（教案）

课时教学工作计划是根据学期教学工作计划和单项教学工作计划，并结合教学的实际情况对一节体育课的具体设计方案。

编写教案，是为了保证体育课有目的、有计划和有准备地进行，全面完成课的各项任务。编写教案的过程，也是提高教师业务水平，以及教学能力的过程，直接关系到体育课教学质量的提高。

课时教学工作计划（教案）包括教学内容、教学任务、教学组织形式、教学方法、时间分配和运动负荷等几个方面。其表达方式在教学实践中运用的是表格式和文字式两种，一般运用表格式较多。编写教案时应以简明、清楚、扼要和全面为原则，努力做到课的任务明确，教学要求具体，教学内容符合实际，教学重点突出，课的组织严密，教法科学得当，运

表 5　××小学六年级 1996～1997 年度第一学期体育教学

编号	教材内容	教材时数	上课次数	九月							
				1 周		2 周		3 周		4 周	
				1	2	3	4	5	6	7	8
1	体育基本知识	2		①							
2	高抬腿跑,50 米跑,100 米跑	2	4		①	②	③				
3	定时跑 3～5 分	1	2								
4	上步单足跳起摸高,蹲踞式跳远	2.5	5					①	②	③	
5	单双手胸前推实心球,掷沙袋	2.5	5		①	②					
6	徒手操	1	2								
7	跳短绳	1.5	3								
8	爬绳	1.5	3								
9	侧手翻,仰卧起坐	1.5	3					①		②	
10	山羊分腿腾越	2	4								①
11	跳上支撑前翻下向前挺身下杠	1.5	3								
12	篮球基本技术,教学比赛	4	8						①		
13	武术基本动作,组合动作	2	4								①
14	韵律活动	2.5	5				①				
15	游戏	4.5	9								
16	发展身体素质和基本能力练习				跳	撑	柔	力	跳	撑	柔
备注	1.“○”中的数字代表该项内容的课次,“·”为考核该项教材 2.“跳”代表各种跳跃,“撑”代表俯卧撑,“柔”代表柔韧练习,“灵”代表灵敏练习。										

工作计划示例　　任课教师________　____年____月____日

十月										十一月								十二月					
5 周		6 周		7 周		8 周		9 周		10 周		11 周		12 周		13 周		14 周		15 周		16 周	
9	10	11	12	13	14	15	16	17	18	19	20	21	22	23	24	25	26	27	28	29	30	31	32
																							②
											④												
				①																		②	
													④	⑤·									
													③		④		⑤·						
										①									②				
																		①			②	③·	
		①	②				③·																
																				③			
②	③								④														
					①	②		③·															
					②	③				④		⑤		⑥	⑦	⑧							
			②	③												④							
	②	③																④		⑤			
①							②	③	④		⑤	⑥					⑦		⑧		⑨		
跳	引	速	跳	速	灵	灵	速	跳	速	力	引	跳	灵	力	速	撑	灵	撑	跳	力	速	灵	

的课次。
"力"代表各种力量练习,"引"代表引体向上,"速"代表速度练习,

表 6　小学六年级蹲踞式跳远 5 次课单项教学工作计划示例

一、教学任务：初步掌握蹲踞式跳远技术，发展跳跃能力。

二、教学重点：助跑和起跳相结合的技术。

三、教学要求：助跑轻快、自然，能在宽 50 厘米起跳区内有力起跳。

四、教学顺序：

课次	任务、要求	重点	教法手段
1	1. 发展跳跃能力 2. 初步掌握助跑、起跳技术 要求：助跑轻快，起跳有力	起跳	1. 小跳步 2. 10 米助跑 3. 上一步起跳 4. 助跑 10 米起跳
2	1. 发展跳跃能力 2. 掌握助跑和起跳技术 要求：起跳快而有力，充分蹬直起跳腿，迅速腾离地面	助跑起跳的结合	1. 跨步跳 2. 助跑 10 米起跳 3. 助跑 15 米踏起跳板起跳
3	1. 发展跳跃能力 2. 初步掌握腾空步 要求：起跳后形成空中弓箭步	腾空步	1. 助跑 15 米踏起跳板起跳，形成空中弓箭步落下 2. 助跑 15 米踏起跳板起跳，做腾空步后成蹲踞姿势落下
4	1. 发展跳跃能力 2. 初步掌握蹲踞式跳远技术 要求：助跑和起跳有机结合，有较明显的腾空动作	起跳腾空	1. 助跑 15 米踏起跳板在 50 厘米起跳区起跳做蹲踞式跳远 2. 短距离助跑跳远 3. 完整跳远练习
5	测验		1. 分组准备 2. 测验
评分标准	略		

动负荷适宜，安全措施落实，场地布置合理，文字简明、准确。

编写教案应在钻研教材和在了解学生的基础上进行，是备课的重要组成部分。编写教案的过程也是提高教师业务水平及教学能力的过程，直接关系到体育教学质量的提高。

编写教案的方法和步骤如下：

（一）确定课的任务

确定课的任务是选择安排教学内容、组织教法和确定运动负荷的依据，任务要定得准确和简练。

确定课的任务的基本要求：

1．了解教学大纲、教学进度对本课教材的基本要求和学校的具体情况，从实际出发确定课的任务。

2．了解学生在技术、素质和品德方面的差异，恰当地提出要求，使学生的大多数经过努力得以完成任务。同时要注意区别对待，对不同水平的学生要提出不同的要求。

3．要全面确定课的任务。在任务的提法上一般包括：

（1）掌握体育知识、技术和技能的任务。

（2）发展身体素质和基本活动能力的任务。

（3）培养思想品德和发展个性的任务。

课的任务的提法比较如表7所示。

（二）教案各部分的编写

根据课的任务，在教案中对各部分时间的分配、教学内容的搭配、重点和难点的确定、练习的组织形式和顺序、教法手段和步骤、练习的时间次数、练习要求和安全措施、运动负荷的预计和场地器材的设置等，都要做出周密的安排。

表 7　课的任务的提法比较

<table>
<tr><td>课的内容</td><td colspan="2">1. 山羊（跳箱）分腿腾越
2. 抛实心球
3. 障碍接力跑</td></tr>
<tr><td rowspan="2">课的任务</td><td>不准确提法</td><td>1. 学习山羊（跳箱）分腿腾越，复习抛实心球
2. 发展全面身体素质
3. 培养优良品德</td></tr>
<tr><td>准确提法</td><td>1. 初步掌握山羊（跳箱）分腿腾越的助跑、双脚踏跳和撑箱提臀分腿的基本技术，进一步掌握抛实心球的基本动作
2. 发展速度、弹跳、灵敏和力量素质
3. 培养勇敢、果断、克服困难和团结守纪律的品德</td></tr>
</table>

1. 开始部分和准备部分：

(1) 开始部分：主要是组织学生，集中注意力。内容包括：

①整队，报告人数，师生问好。

②宣布课的内容，安排见习生。

③检查服装。

④队列练习。

(2) 准备部分：主要内容包括：

①跑步或游戏。

②徒手操或轻器械操。

③专门性准备活动。

开始部分和准备部分可以合在一起写，称为准备部分。在这个部分应针对以上各类内容写出队列练习和准备活动的动作名称、图示、组织、教法和要求，并标明运动负荷。

2. 基本部分：基本部分是体育课的主要部分。基本部分的主要内容包括：

（1）动作名称。

（2）动作要领。

（3）动作重点和难点。

（4）易犯错误。

（5）组织队形（分组形式、讲解和练习队形）。

（6）教法步骤（讲解、示范、观察和练习）。

（7）练习的要求。

（8）保护帮助。

（9）运动负荷。

编写基本部分时应注意：第一，合理确定分组形式和教学顺序。第二，运用科学得当的教学方法。第三，安排适宜的运动负荷。第四，选择必要的辅助练习。

3. 结束部分：结束部分的主要内容包括：

（1）走步、慢跑、游戏、舞蹈和放松体操。

（2）课堂小结。

（3）安排回收器材。

（4）组织队形。

（5）教法步骤。

（6）练习要求。

以上各项内容要按教案示例所示，分别写在教学内容和组织教法栏内。

小学体育课的游戏教材比重较大,因此应注意以下几点：

第一，根据教学目的选择游戏。游戏多种多样，为了充分活动身体应选择活动性的促进身体发展的游戏，如老鹰抓小鸡、大鱼网等；为了进一步加大基本部分的负荷，可以选择接力游戏；为了放松身体，可以选择趣味模仿游戏。

第二，根据游戏的性质确定游戏安排所在的部分。活动性的游戏应安排在准备部分，负荷强度较大的游戏应安排在基本部分，放松性娱乐性游戏应安排在结束部分，使游戏能适应体育课结构三个部分的任务和运动负荷的需要。

第三，根据游戏安排所在的部分合理调整各部分的时间。课的三个部分所占的时间有一般的常规要求，由于游戏的安排会影响体育课各部分的时间安排。例如，结束部分如果安排了游戏，时间相对要稍长一些；基本部分如果安排了游戏(是指属于两个主要教材以外的游戏)，则应该适当压缩结束部分时间，使基本部分时间有所加长。

体育课的三个部分应写明各个部分的时间分配及各项教学内容的时间安排。

（三）教案其他内容的编写

1. 课后小结：及时在体育课后根据教学任务的要求，总结本课的优缺点，总结经验和教训。

2. 教学中需用的场地器材及场地设置。

3. 预计运动负荷。

课时教学工作计划（教案）示例如表8。

复习思考题

1. 制定体育教学工作计划有什么意义？

2. 怎样制定各项体育教学工作计划？

表 8　××小学体育课教案示例

周次 3　课次 6　日期 1996.9　班级六年一班　人数 48 人　任课教师______

课的部分	时间	教学内容	各项内容时间安排	运动负荷			组织教法
				次数	时间	强度	
课的内容		1. 蹲踞式跳远 2. 前滚翻成直腿坐接肩肘倒立 3. 迎面接力	课的任务	1. 初步掌握蹲踞式跳远的助跑起跳技术，进一步掌握前滚翻和肩肘倒立的技术 2. 发展速度、灵敏和力量素质 3. 培养刻苦、顽强、团结协作和遵守纪律的优秀品德			
准备部分	8 分	1. 整队，报告人数，师生问好	1 分				
		2. 宣布课的内容和要求，安排见习生					
		3. 检查服装					
		4. 队列练习，复习立正、稍息和原地转法	1 分		45 秒	小	组织：四列横队 要求：精神饱满，动作准确整齐
		5. 活动性游戏“大鱼网”（方法略）	2 分 30 秒	2～3	2 分	中上	组织：分两组在两个方形场地进行 教法：1. 教师讲解游戏方法和规则 2. 游戏进行

续表 8

课的部分	时间	教学内容	各项内容时间安排	运动负荷			组织教法
				次数	时间	强度	
准备部分	8分						要求:1. 鱼网不许松手 2. 鱼儿不许跑出规定的活动范围
		6. 徒手操	2分30秒		2分	中	组织:四列横队
		(1)上肢运动 (2)振臂运动 (3)体侧运动 (4)踢腿运动 (5)腹背运动 (6)跳跃运动		二八呼			教法:教师示范,领做,语言提示 要求:1. 上臂伸直 2. 振幅要大 3. 尽力侧屈 4. 踢腿角度大于 90° 5. 动作伸展 6. 轻松有节奏
		7. 专门性准备活动	1分				组织:四列横队 教法:教师领做
		(1)头、腕、膝、踝绕环		二八呼	30秒	小	要求:1. 各部位活动充分
		(2)原地高抬腿跑		15×2	10	中上	2. 大腿高抬 90°
		(3)纵跳		10	15秒	中上	3. 起跳有力

课的部分	时间	教学内容	各项内容时间安排	运动负荷			组织教法
				次数	时间	强度	
基本部分	28 分	一、蹲踞式跳远 1．要领： 助跑轻快有弹性，均匀加速，起跳 前最后一步要小，用全脚积极踏板，迅速过渡到前脚掌，蹬直髋、膝、踝关节 2．重点： 助跑速度和节奏，踏跳力量和准确性 3．难点： 助跑与起跳的结合 4．易犯错误： 助跑减速，起跳前有停顿	12 分	 2 2 3 4	 30 秒 40 秒 30 秒 1 分	 中上 中上 中上 中上	组织：先分后合一次轮换 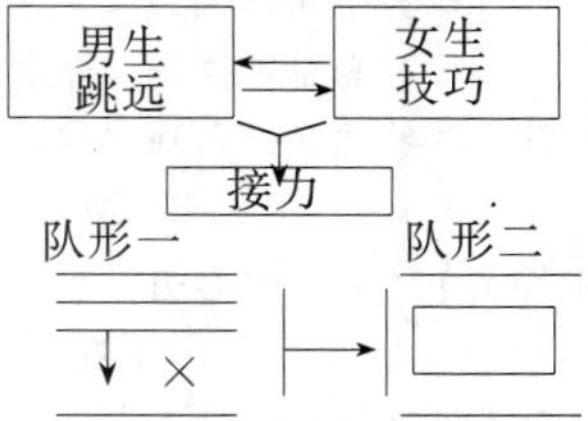 教法：1．教师完整讲解示范 2．20 米加速跑 3．小跳步 20 米 4．10 米助跑起跳 5．15 米助跑起跳越过 30 厘米高皮筋 要求：1．加速跑要轻快有节奏 2．小跳步要有弹性，蹬直髋、膝、踝关节 3．起跳要有力，有较明显的腾空

续表 8

课的部分	时间	教学内容	各项内容时间安排	运动负荷			组织教法
				次数	时间	强度	
基本部分	28 分	二、前滚翻成直腿坐接肩肘倒立 1. 要领： 前滚翻双腿蹬直收腹落垫上，滚动成直线 肩肘倒立伸髋，脚面绷直，向上方蹬，屈肘内夹，撑于腰上部 2. 重点： 滚动成直线， 伸髋，夹肘 3. 难点： 滚动成直线， 身体与地面垂直 4. 易犯错误： 推手方向不正，收腹、夹肘不紧，手扶位低而无力	12 分	2×2 2 2 2	30 秒 30 秒 50 秒 50 秒		组织： × × × × 教法：1. 教师安排学生进行示范 2. 前滚翻练习 3. 肩肘倒立练习（帮助下完成） 4. 联合动作练习（帮助下完成） 5. 独立完成联合动作练习 要求：1. 滚动成直线 2. 身体与地面垂直 保护帮助：在学生体侧，当学生两腿向上伸时，两手握其脚腕上提，用一膝盖抵住其腰部帮助伸髋

续表 8

课的部分	时间	教学内容	各项内容时间安排	运动负荷			组织教法
				次数	时间	强度	
基本部分	8 分	三、迎面接力 方法:将全班学生分成四组,每一组分成两小组,按规定距离面对面站好,进行迎面接力跑	4 分	2	1 分	大	组织: 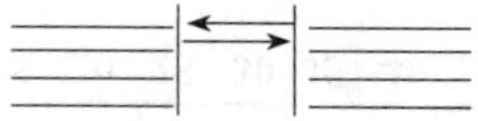 教法:1. 教师讲解方法 2. 学生练习 要求:1. 遵守纪律,不抢跑 2. 全力以赴,争取优胜
结束部分	4 分	1. 游戏("请你像我这样做") 2. 课堂小结 3. 安排回收器材	2 分 30 秒 1 分 30 秒		2 分	中下	组织:全班围成双层圆形 教法:教师领做,学生跟做 要求:1. 认真模仿老师的每个动作 2. 情绪饱满,动作准确

续表 8

场地器材	沙坑 1 个　皮筋 1 条　垫子 4 块　接力场地　接力棒 4 根					
预计运动负荷	最高脉搏	平均脉搏	练习密度	脉搏强度指数	预计心率曲线	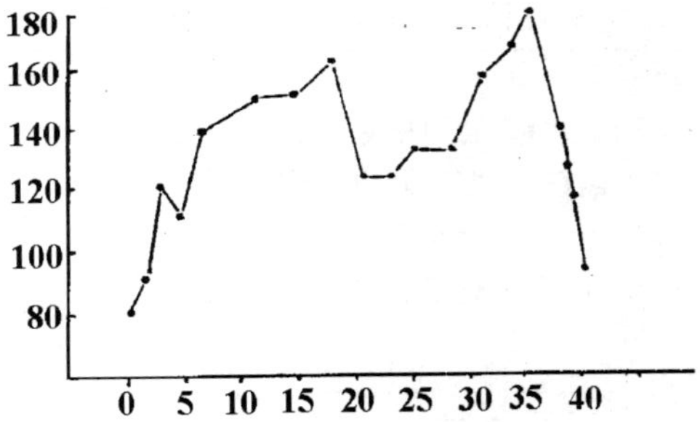
	180 次/分	131 次/分	33%	1.6		
课后小节						

第二节　创设情境

体育课教学情境的创设，是通过创设的情境，包括场地器材和服装仪表等方面的精心设计及在精神风貌方面的要求，使教学客观环境的外在因素与师生主观世界的内在因素在体育教学的过程中有机相融，形成有益教学的诸多良性诱导因素，给学生以直观的激发，使学生产生迫切的渴望学习的动机并积极主动地参加学习活动。

一、场地器材

场地器材是进行体育课教学的必要物质条件，场地器材的设计使用是教学艺术的重要方面。在场地器材的设计过程中应努力体现合理性、实效性、艺术性和安全性。

（一）场地器材布置的合理性

场地器材的布置首先应体现出合理性。合理性应依据体育课的内容和任务的基本要求，恰当地有针对性地选用器材和设计场地。如小篮球基本练习，应保证一定数量的球，使学生有从事练习的条件。如果学校的条件差，球数偏少，则应注重设计练习的场地，可以将面对面相距数米远排成两个长队依次练习的形式变为将学生分成几组各按一个圆圈站好，由学生轮流到中间进行任意传球，站在四周的学生始终处于等待练习的状态，生理和心理处于积极动员状态，站在中间的学生也可以形成运动负荷的高峰。又如接力练习，如果按正规场地练习，学生分散，非常不利于教师进行指导，那么就可以在相当于篮球场地大小的场地上画一个大圆圈，通过圆心画出垂直交叉的两条直径，学生分四组站在直径的四个与圆周的交点上，逆时针进行各种速度的接力练习，这就有效地解决了教师的集中指导和充分利用场地的问题。

（二）场地器材布置的实效性

在体育课教学中，场地器材设计的实效性是指充分运用场地器材达到掌握体育技术技能和增强体质的目的。如在跳箱分腿腾越教学中，可以分为中箱、小箱、山羊三个练习场地，既照顾到学生的水平差距，又可以适时给以鼓励，使学生产生准备通过刻苦学习争取进入高一级的小组进行练习的想法，取得体育课教学的实效。又如在发展全面身体素质的循环练习中,所选择的器材既要避免华而不实和画蛇添足,又要防止贫乏单调，应以全面发展身体为目的。选用栏架，既可以进行跳跃,又可以进行钻杆练习;垫子可以进行技巧、柔韧和跳跃练习；跳绳可以进行柔韧、灵敏和跳跃练习。这几种器材对于全面发展身体具有显著的实效，使用中还具有灵活多样性。

（三）场地器材布置的艺术性

体育课教学中场地器材布置得具有艺术性可以给学生美的教育。规范清洁的场地、鲜明适宜的标志和合理整齐的排列，都会给学生留下美的印象。如在跳远练习中，沙坑两侧是观看练习的整齐队形，起跑线上有 2 至 3 人等候练习，学生练习后走出沙坑即在沙坑旁的专项素质练习点进行练习，形成了一种整体的和谐的美。

（四）场地器材布置的安全性

体育课教学为达到掌握技能和发展身体的目的，必须避免在教学中出现任何伤害事故。因此在场地器材设计中要对可能出现的事故有所预防和避免。在进行投掷内容的教学时，场地设计尤为重要，各练习点的间距、投掷方向、观察角度和距离均应周密设计，以防出现伤害事故。如铅球教学时为使学生观察方向合理，一般可以在老师的两侧形成八字形，但在学生练习时，考虑到学生的动作准确性欠佳，易超越合理有效的投掷区域，所以各投掷点要拉开距离。为防止事故出现，尤其是人数多的班级上课时，应尽量不设计面对面投掷场地，可以让等待练习的学生在投掷学生的背后站成横排做稍欠合理的观察，以保证做到安全教学。

总之，场地器材的设计应从诸多方面综合地进行考虑，还应从学校的实际情况出发，才能切实发挥场地器材设计在体育课教学中的重要作用。

二、服装仪表

在体育课教学中，服装仪表不仅关系到教学过程的安全顺利进行，而且对学生的审美情趣也予以了有效的培养和提高。

体育课的教学过程是教学双方即师生的共同活动过程。教师的服装仪表就像一面镜子，影响着学生的思想与行为。虽然服装仪表是人的外在条件的体现，但人的审美标准也是人的内心世界的反映。对师生的服装要求应做到：

（一）轻便

因为在体育课教学中学生多以身体练习为主，老师也要不断地给学生示范辅导,所以对服装不能感到沉重有负重感，使师生能自如地进行各种教学活动。

（二）安全

服装的式样对体育课教学的安全性有很大影响，过瘦的牛仔裤和过飘逸的裙装会影响大幅度的动作或突然束缚身体的运动，甚至出现摔伤等严重事故，所以服装的式样应是简洁得体的。

（三）大方

在体育课教学中，服装除了具有实用的价值外，还应成为最佳情绪状态的诱导因素。在观感上应给人以鲜明美观的感觉，使人感到生气和活力的涌动。

综上分析，一般应以运动装和休闲装为佳，不宜穿着时装。作为教师的服装要求应更严格，有条件的地区学校对学生的服装也应有较统一的要求，严格禁止穿大衣、裙子和皮鞋进入体育课课堂。另外，在发型和个人卫生等方面也应首先从教师方面做出表率。

三、精神面貌

在体育课教学中，师生的良好精神面貌是推动教学顺利进行的巨大精神力量。精神面貌是人格、品德和修养的综合体现，包括敬业精神、文化素质、思想品德和语言修养等方面。作为教师应朝气蓬勃地全身心地投入到教学工作中，以严谨的治学精神、认真的工作态度、惟妙的语言艺术、高尚的道德修养、渊博的专业知识和精湛的动作技术，使学生的人格和情绪受到全面的感染和熏陶，能有效地激发学生的学习热情，形成积极投入、刻苦练习、热情相助和互帮互学的学习良好氛围。

总之，体育课教学情境的创设是综合性的。体现出从物质到精神的多方面和多层次。体育课教学情境的创设在一定的程度上反映了教师的综合素质水平。虽然创设教学的情境是教学准备工作之一，但是创设情境的能力是与教师在体育课教学中具备的能力息息相关的。如场地器材的布置与教师的组织教法水平是分不开的。可以说体育课教学情境的创设对教师的能力水平提出了进一步的要求，更有利于对学生全面实施素质教育，并能有效地推动体育课教学质量的提高。

复习思考题

1. 在体育课教学中场地器材布置有什么要求？

2. 在体育课教学中对师生的服装仪表和精神面貌有什么要求？

第九章　体育课指导

第一节　动作技能教学

一、概述

（一）定义

按照动作技术原理完成动作的能力称为动作技能。高级动作技能称为动作技巧。

（二）作用

人们掌握各种各样的动作技能，利用它作为手段，可获得下列益处：

1. 锻炼身体，增强体质，延年益寿。
2. 调剂生活，增加情趣，陶冶情操。
3. 增强意志，调节感情，开发智力。
4. 广交朋友，增进友谊，联络感情。
5. 顽强拼搏，提高水平，不断进取。
6. 身心健康，创造工作，为国奉献。

（三）类型

1. 周期性动作技能：完成周而复始连续进行的动作的能力。

2. 非周期性动作技能：完成技术要素经常发生改变的动作的能力。

3. 封闭式动作技能：行为主体在不受外界因素影响下完成动作的能力。

4. 开放式动作技能：行为主体的动作在受到外界因素影响下完成动作的能力。

二、动作技能形成过程及其影响因素

（一）动作技能形成过程

动作技能是人体的一种能力，从不能完成到能够完成，从不熟练完成到熟练完成，一般要经过三个相对独立又互相紧密联系的不同的阶段。

1. 粗略掌握动作阶段：动作的方向和路线基本正确，而幅度和节奏等不准确，可能存在较明显的不正确动作。

2. 改进和提高动作阶段：动作从开始到结束，能较熟练和协调地完成，但可能存在某些微小的不正确的动作。

3. 动作巩固和运用自如阶段：动作从开始到结束，一气呵成，非常稳定、协调与熟练，形成牢固的动力定型。

（二）影响动作技能形成的因素

1. 动作本身的复杂程度：任何一个动作，都是由七个基本技术要素构成的，具有不同的时间、空间、运动学及动力学特征，形成各自不同的复杂程度。简单的动作比较容易学会，形成动作技能时间短；形成复杂的动作技能，所需时间相对较长。

2. 学生（行为主体）的条件：学生是形成动作技能的行为主体。一个动作，学生从不会做到会做，是一个动作的内化过程，与他的各种条件关系非常密切。

（1）年龄：不同的年龄，人的身体发育成熟程度也不同。身体发育程度是掌握动作技能的直接条件，因此，不同年龄的人，各自都有最易掌握的动作技能，也有不易掌握的动作技能。

（2）性别：不同的性别，人的生理、心理特征也不同，这也直接影响对动作技能的掌握。可见男女学生各自有容易掌握的动作技能，也有不易掌握的动作技能，这只是相比较而言的。

（3）身体形态：身体呈矮粗型或细高型，各有利于掌握某些动作技能，又不利于掌握另一些动作技能。

（4）童年的运动经验：童年的运动经验越丰富，学习新的动作技能也越容易。

（5）动作技能储备的数量：动作技能可以互相迁移，已掌握的动作技能数量越多，越容易学习与掌握新的动作技能。

（6）身体健康状况：身体素质达到一定水平和各器官系统机能正常，对掌握动作技能十分必要，是基础条件。

（7）智力、兴趣、动机等，都会强烈影响动作技能的学习。

3. 教师的指导能力：学生是在教师指导下学习动作技能的，教师越是高水平的指导，越有利于发挥学生的主体作用，提高动作技能教学的效益。

（1）了解学生具体情况的能力。

(2) 对所教授的动作技能的掌握程度。
(3) 具有的动作技能教学教法知识、经验、能力与技巧。
(4) 纠正错误动作能力。
4. 其他因素：
(1) 师生关系，生生关系。
(2) 教学现场的气氛。
(3) 教学的场地器材条件。
(4) 当时的气候条件。

三、动作技能教学目标分类

(一) 动作技能知识

1. 感性知识：是通过直接经验而获得的知识。教师通过动作示范等形式进行传授，学生通过观察和实际模仿练习而获得。

2. 理性知识：教师将动作技能要领通过语言传授给学生，学生通过大脑抽象思维和多次实践练习才能理解与掌握，这种知识是理性知识。

(二) 动作

1. 局部动作：是将某个动作技能中的多个部分分解为几个相对独立的单位。在教学中循序渐进，使学生逐一掌握局部动作。

2. 完整动作：在掌握各个局部动作的基础上，要求将各个局部动作按一定方式，互相连接起来，形成一个完整的动作——动作链。

（三）动作技能水平

1．正确：

（1）正确理解与掌握动作技能知识。

（2）正确完成动作。

2．协调：

（1）动作技能知识间的融会贯通。

（2）完整动作的各个组成部分之间的协调。

3．自动化：

（1）熟练运用动作技能知识。

（2）完成动作达到可以随意支配的自动化水平。

以上三类目标应体现在任何一个动作技能的教学当中。

四、动作技能教学方法

（一）实现动作技能知识目标的教学方法

1．讲解法：要求讲述清楚、准确；语言生动形象，简明扼要，并有启发性；讲解层次清楚，重点突出。

2．直观法：利用投影、幻灯和录像，还可利用挂图等方式，传授有关知识。

3．讨论法：学生讲述应该怎样做动作和为什么这样做等内容，复习巩固学过的知识。

（二）实现动作目标的教学方法

各种具体方法见第六章第二节，在运用上述各种方法时，要根据动作技能教学任务，突出教学特点，防止以训练代替教学。

五、纠正错误动作

动作技能教学过程，在一定意义上讲是一个不断纠正与克服错误动作的过程，换言之，完成动作技能教学任务过程也是纠正与克服错误动作的过程。

一个完整的纠正错误动作过程，可分为发现错误动作阶段、分析产生错误动作原因阶段、设计纠正方法阶段和运动评价等阶段。

（一）发现错误动作阶段

1. 错误动作的分类：

（1）身体姿势错误：身体姿势指做动作时，身体在空间所处的位置或状态，这是反映动作正确与否的最直接最重要和最基本的标志，因为身体做任何动作都是在空间进行的，而这又是可以直接观察到的。

①动作开始时身体姿势错误：例如做蹲踞式起跑的“预备”动作时，出现臀部抬起过高或者后腿膝关节角度过大等错误动作。

②做动作的过程中身体姿势错误：这是大量存在的一类错误动作，例如前滚翻过程中团身不紧（身体打开）、短跑途中头后仰、单杠骑撑前回环时屈膝等。

③动作结束时身体姿势错误：例如支撑跳跃过器械后，落地时用全脚底着地、短跑撞线时抬头挺胸等。

（2）动作方向错误：例如前滚翻或者后滚翻过程中，身体滚动方向偏向左方或者右方；直线跑步时，两臂左右摆动；投篮时，篮球偏向左方或右方等，这类错误动作，一是身体运动方向不对，二是器械运动方向不对。

（3）动作节奏错误：例如跳高助跑动作的节奏做成了跳远助跑动作的节奏，徒手操中全身运动节奏做成踢腿运动节奏，行进间单手肩上投篮下肢动作节奏做成三级跳远下肢跳跃动作节奏等。

（4）动作力量错误：例如双杠屈伸上时，在双臂压杠时双腿蹬伸用力方向过高或偏低，跳高起跳腿起跳蹬地时用力方向做成了跳远起跳时用力的方向，投篮时用力过大或过小等。

（5）动作速度错误：例如支撑跳跃起跳时起跳速度过慢或者双手推离器械速度过慢，跳远助跑最后几步迈大步使速度减慢等。

（6）动作时间错误：例如投掷器械在助跑交叉步结束时才开始做向后引器械的动作，致使动作不连贯，成绩不好；低单杠骑撑前回环接近一周时，翻腕、抬头、压杠和撑杠动作时间晚，使身体又向前下方翻转等。

（7）动作速率错误：例如将跳高助跑速率做成跳远助跑速率，或者相反等。

2. 如何发现错误动作：错误动作种类多，有的易发现，有的不易发现。而发现错误动作是纠正错误动作的前提，所以发现错误动作是一件重要的事情。

（1）知识：体育教师所具有的动作技能的概念、原理和要领方面的知识越多，发现错误动作的潜力和可能性也越大。

（2）经验：体育教师发现错误动作的经验越丰富，发现错误动作的预见性越强，现实性也越强。

（3）注意：体育教师在指导过程中，注意力越集中，发现错误动作越及时，越准确。

（4）责任：体育教师越重视纠正错误动作，责任心越强，发现错误动作的意识越自觉，行为的积极性越高。

（5）能力：体育教师发现错误动作的本领越大，发现错误动作的效率越高，有效性越大。

（二）分析产生错误动作原因阶段

1. 学生（行为主体）方面原因：

（1）缺乏正确的行为定向：由于不明白做什么动作、不理解应该怎样去做动作，以及不清楚为什么要做这个动作，行为缺乏明确的目的、动作概念不清，并缺乏相应的行为动机。

（2）缺乏相应的身体条件：学生个体的身体形态不适宜做某些动作，或缺乏做某些动作应具备的相应的身体素质等。

（3）心理素质的某些缺陷：缺乏顽强、勇敢和拼搏等意志品质，做动作易出现过分的自我保护意识和行为，畏首畏尾，缩手缩脚；做动作时注意力不集中，缺乏甚至没有做动作的兴趣，“出工不出力”，比比划划，已经掌握的动作也会做错的。

（4）动作技能数量不足：某些学生能完成的动作较少，动作技能之间的良性迁移很难出现，于是在形成新的动作技能过程中经常出现错误动作。

2. 教师（指导者）方面原因：

（1）未激发学生行为动机：学生缺乏学习动作技能的内在动因，力量不足，身心投入不足。

（2）教法不当：讲解概念不清楚，示范动作不规范，练习方法选择与运用不当，反馈信息数量不足或质量不高等。

（3）组织工作欠妥：在定时跑以后再安排投掷动作技能练习，由于疲劳，学生出现不正确的动作；支撑跳跃缺乏安全措施，学生由于恐惧而产生错误动作。

（4）功底单薄：具备的知识和能力范围偏窄，不适应中小学体育教学的需要。

（5）准备不足：备课不充分，匆忙应付上课，胸无“成竹”，指导不力。教学环境布置不理想，对动作技能教学产生一定的负效应。

3. 其他原因：诸如天气的寒冷与炎热，风力的大小，阳光的强弱，有其他人在场看课等。

应当注意，上述几种原因往往错综复杂交织在一起，必须认真观察，仔细分析，找准原因，以便“对症下药”，有效纠正。

（三）设计纠正方法阶段

1. 顺序：事物发展是有序的，纠正错误动作要根据错误动作的性质和影响大小，决定先纠正什么，后纠正什么。一般说纠正错误动作的顺序是：

（1）最先纠正动作方向、路线和身体姿势方面的错误，这些错误影响动作的技术基础、技术基本结构和动作性质，属于根本性错误。

（2）然后纠正动作速度、时间、频率和力量方面的错误，这些错误是动力学和运动学方面的，影响动作质量和效果，属于质量性错误。

（3）再纠正动作幅度、节奏方面的错误，这些错误是多因素造成的，在动作技能比较熟练和巩固的条件下，容易纠正，应放在后期进行。

这种顺序是相对的，在实际工作中，要具体情况具体分析，从实际出发。

2. 方法：采取有效的方法，是纠正错误动作的必由之路。

纠正错误动作，没有固定的方法，关键在于教师发挥聪明才智，进行创造性的、卓有成效的劳动——工作。下面是行之有效的和常用的纠正错误动作的方法。

（1）语言法：可采用讲解的方式，例如讲解动作要领；也可采用简单的指示性的语言，纠正身体姿势等方面的错误，例如说“前后摆臂”“绷脚尖”等。

（2）直观法：可采用正确动作示范，帮助学生形成正确的动作表象；也可采用正误对比示范法，使学生明白什么动作是正确的，什么动作是错误的；还可以采用手势等直观方式，为学生指明正确动作或正确的身体姿势或正确的动作方向。

（3）本体感觉法：可采用外界帮助的力量或者阻挡的力量，使学生通过本体感觉，体会做动作用力的时机、用力的方向和用力的大小，克服动作力量等方面的错误。如在人扶持下做倒立动作，体会如何正确用力，保持平衡。

（4）条件限制（诱导）法：可采用某些条件限制学生做动作的方向和幅度，例如为纠正学生跳远起跳角度过小的错误，可在起跳板前1米处横拉一根高约40厘米的皮筋，要求学生起跳后从上面飞跃过去；为纠正学生推铅球出手角度偏低的错误，可在投掷圈前上方横放一根适当高度的长绳（或竿），使推出去的铅球从绳（或竿）的上面越过。

（5）思维法：学生在大脑中多次想象某个动作正确的做法，等于编制成完整动作的程序，再做这个动作时，有关的肌肉在已经编制好的程序控制下进行协调工作，容易做出正确的动作。

（6）练习法：上述各种方法都必须通过练习法，才能达到纠正错误动作的目的。所以练习法具有综合特征，重复练习法、变换练习法、分解练习法和完整练习法等都可应用。

3. 要求：

（1）纠正错误动作具有单一性，应一个一个纠正，防止学生顾此失彼，力不从心。

（2）分清主次，先纠正主要的错误动作。

（3）区别对待。

（4）发展必要的身体素质。

（5）要耐心。

（6）对学生的任何成功与进步，都要及时给予鼓励与强化。

（四）动作评价阶段

（见第三章第三节）

复习思考题

1. 动作技能形成过程包括哪几个阶段？影响技能形成的因素有哪些？

2. 学生产生错误动作的原因有哪些？如何及时发现和纠正错误动作？

第二节 发展身体素质

发展身体素质是体育课一项重要的任务，对于增强学生体质、通过各种体育方面的考核和测验，以及促进学生健康成长等，都有积极作用。

在本书第六章第二节中，已经阐述了在课余运动训练中发展身体素质的问题，在体育课上发展全体学生的身体素质可借鉴其中有关的内容。下面再结合体育课教学特点，作进一步阐述。

一、发展力量素质

（一）发展上肢力量

1. 发展肱三头肌力量：可采用俯卧撑（从高支撑开始）、双杠上双臂屈伸和支撑摆动臂屈伸、上推适宜重量的重物（哑铃、杠铃、实心球）等手段。

2. 发展肱二头肌力量：可采用单杠引体向上（正握杠、反握杠均可）、低单杠斜身引体、单杠屈臂悬垂、弯举哑铃等手段。

3. 发展整个上肢力量（含肩带）：可采用“推小车”行走、双杠上支撑摆动、拉橡皮带、宽握引体向上等。

因学生自己锻炼上肢力量机会少，所以体育课上应注意锻炼。二头肌和三头肌应交替锻炼，也应兼顾腕、手指力量的发展。隔日锻炼效果较好，所以课内课外结合是必要的。

（二）发展下肢力量

锻炼下肢时，往往都是下肢各部分肌肉同时参加工作的，所以每一种发展下肢力量的手段，都或大或小地对下肢各块肌肉有锻炼作用。

可采用跳绳、各种跳跃练习、跑的练习、球类运动、有跑跳动作的游戏以及其他的练习。

在体育课上发展中小学生下肢力量，应以发展快速力量和持久性力量为主，以动力性力量为主，以徒手练习为主。

（三）发展躯干力量

包含腹肌力量、腰背肌力量和胸大肌力量等。

1. 发展腹肌力量：可采用仰卧起坐（屈腿式）、仰卧收腹举腿、仰卧“两头起”（“元宝收腹”）等手段，可单独使用某一种手段，也可综合使用两种以上手段。

2. 发展腰背肌力量：可采用俯卧（垫上或跳箱上）抬上体（同伴压扶下肢）、俯卧“两头起”、徒手或负重的“体前屈——直立”、体前屈两手握哑铃做臂屈伸动作或做直臂侧平举动作等手段。

3. 发展胸大肌力量（注重男生）：可采用双杠臂屈伸、双杠支撑摆动臂屈伸、俯卧撑、仰卧双手握哑铃做双臂上举或侧举（连续）等手段。

发展中小学生力量素质，可通过教材传授进行，也可在素质练习中进行。在全面发展力量素质的前提下，可侧重发展上肢肌肉和肩带肌肉力量，女学生注意发展腹肌力量，因为这些力量平时很难得到锻炼，而又对增强体质、塑造健壮、匀称体形十分重要。还应根据学生年龄和性别等特征，选择最合适的手段，安排适宜的运动负荷和锻炼的频率（隔日锻炼为宜）。

二、发展速度素质

（一）发展反应速度

1. 听觉反应速度：训练学生听到声音信号快速做出相应的动作反应，例如听口令做不同预备姿势的起跑动作、做“长江—黄河”游戏（一种追逃性质游戏）或做“找朋友”游戏等。

2. 视觉反应速度：训练学生看到有关信号快速做出相应的动作反应，例如看到手势（或摆动小旗）快速做起跑动作、看到不同性质的信号迅速做出不同的动作或者看到信号后要做出相反的动作等。

（二）发展动作速度

1. 起动动作速度：例如起跑第一步的起动速度，可采用发展反应速度的有关练习手段，也可采用集中注意力练习和发展快速力量等手段。

2. 动作过程速度：例如短跑途中移动速度和器械出手后的飞行速度等，可采用牵引运动、下坡运动、缩小动作幅度练习和发展肌肉快速力量等手段。

动作过程速度一般以加速运动与匀速运动为主，变速运动是二者的综合，因为培养学生“速度感”是一种重要工作，目的在于使学生通过本体感觉能掌握适宜的动作速度。

3. 结束动作速度：一般动作结束后速度开始减慢，例如短跑撞线后的放松跑、跳高和跳远落地时的缓冲等，减速方法可采用缩小步幅、降低频率、减小力量或做缓冲动作等手段。

发展中小学生速度素质要有目的地全面安排，发展肌肉快速收缩与充分放松是很重要的工作，神经系统快速有力的“冲动”也应重视培养与训练。

三、发展耐力素质

耐力素质的发展，标志着学生心肺机能的提高，这对于增进健康和延年益寿非常重要，是体育课一项最重要的任务。

发展中小学生的耐力素质，主要应考虑学生年龄特征和运动负荷这两个基本因素。

小学生与初中生，发展有氧耐力是主要目标，运动时每分钟脉搏控制在100～130次。可进行一次时间较长的运动，例如匀速跑9分钟至15分钟（注意控制脉搏）或者20分钟越野跑、或者20分钟以上的球类活动；也可进行多次重复练习，例如每次跑5分钟，脉搏控制在每分钟110～140次，共跑3次，每次跑后休息到脉搏降到每分钟90次以下再开始下一次跑步。注意，年龄越小，跑速应越慢；跑速慢，运动时间可适当延长。举行郊游、旅行和游戏等，都是发展有氧耐力的好手段，因为环境、负荷和心态等都十分有利。

发展有氧耐力与正确呼吸结合，应用激励机制，激发动机，引起兴趣，在良好的心境下进行运动十分必要。

初中以上的学生，可开始发展无氧耐力，运动强度达到每分钟脉搏在150次以上。可采用多次短时间的运动，例如反复跑60米或100米，间歇到脉搏降到每分钟100次左右再开始下一次练习；也可以采用一次稍长时间的运动，例如跑800米、1500米等，运动中脉搏达到每分钟150次以上。发展无氧耐力时要加强医务监督，学生无心脏等疾病者才可进行练习，运动过程中要随时注意学生的反应，及时调整负荷。

四、发展灵敏素质

可采用一般性发展灵敏性的练习手段，例如活动性游戏、球类活动、器械体操和技巧运动等等。还可以专门安排发展灵敏素质的练习，例如10米×4往返跑，听口令做出规定动作（包括做出相反动作），并具有攻防、闪躲和追逃等动作的练习等。

发展灵敏素质如在注意力集中、兴奋性适度的情况下进行，则会收到好的效果。

五、发展柔韧素质

可采用静力性练习，例如正压腿、侧压腿、压肩和压踝等，目的在于发展有关肌肉、韧带和肌腱的伸展度和弹性，但要注意循序渐进，幅度由小到大。还可采用动力性练习，例如正踢腿、侧摆腿、转肩、转腰、甩腰、弹性压腿、肩绕环、坐位连续体前屈和颈绕环等，力量要由轻到重，幅度要由小到大。

静力性练习与动力性练习结合运用，效果更好。

发展柔韧性练习与发展快速力量练习结合，会产生更大的复合效应。

复习思考题

1. 采用哪些具体的方法和手段发展中小学生的力量、速度、灵敏和柔韧素质？

2. 分析发展小学生和初中生耐力素质的不同点。

第三节　培养思想品德

一、体育课上思想品德培养的内容

思想品德培养既是体育课教学基本任务之一，也是学校德育工作内容之一。因此，体育课上思想品德培养具有重要的体育与教育价值。而思想品德培养内容的选择与确定，是完成思想品德培养任务的保证，因此这是一件严肃而重要的工作。

（一）选择思想品德培养内容的依据

在我国，选择思想品德培养内容的依据主要有：

1. 依据思想品德培养目标，它决定了思想品德培养的性质。

在目前，我国学校思想品德培养目标的基本精神是：

（1）首先，在重视思想教育和政治教育的同时，强调培养学生的社会主义道德品质和培养学生的文明行为习惯。

（2）其次，思想品德培养目标体现了中小学基础教育的性质和中小学生心理发展的实际。在政治方面和人生观、世界观的教育培养上，强调“奠定基础”；在思想品德能力培养上，强调“初步”的要求。同时，强调不同教育阶段的侧重点：小学阶段，以养成良好的品德和文明行为习惯为主；初中阶段，以进行社会主义道德教育为主；高中阶段，则侧重进行政治观点和人生观、世界观的教育。

（3）再次，思想品德培养目标具有鲜明的时代特点，提出培养中小学生初步的道德评价能力和自我教育能力，并提出要重视个性心理品质的培养。因为现阶段我国社会正处在改革开放的巨大变革时期，人们的思想观念、道德规范和生活方式等都随之发生着明显的变化，在这种社会背景下，只重视具体的思想观念灌输已远远不够了，必须教育和引导学生在思想、道德、政治和心理等方面适应新形势的变化，培养提高他们的适应能力和自我教育能力，培养他们具有现代人的思想品德特征，使他们思想品德的形成与发展既与时代同步，又要面向未来，健康成长。

（4）最后，思想品德培养目标要结合体育课的性质、特点与功能。在体育课教学中，既有理论知识的传授，又有动作技能的形成和身体素质的发展，无论体育教师与学生，既有生理（含生物化学、生物电）因素参与，又有心理因素（含认知因素与非认知因素）参与，是集身体活动、心理活动与情感体验于一体的综合性的活动，因而它的功能也是多方面的，可以锻炼身体，强壮体魄，增加知识，开发智力，活跃精神，陶冶情感，磨炼意志，培养性格等。总之，既可以促进学生自然发展（生理健康），又可以促进学生社会发展（心理健康）。因此，体育课教学可以向学生传授思想观点和人生价值观，培养爱国主义和集体主义情感，培养遵守规则和遵守纪律的文明行为，磨炼坚韧不拔和勇敢顽强的意志品质等。

（二）体育课上思想品德培养的基本内容

1. 文明行为习惯的培养：文明行为习惯是学生在社会交往中必须做到的起码的公共生活准则，是每一个社会成员最基本的行为规范，是人们形成高尚的思想品德的基础，也是人们高尚思想品德的外显。

体育课上文明行为习惯教育的主要内容有：尊敬老师，虚心接受他们的教诲；对同学真诚团结，互相帮助，共同进步。懂礼貌，讲卫生，守秩序；注意语言美、行为美和仪表美。

2. 劳动教育：劳动教育对青少年思想品德的形成和发展有特殊的意义。年轻一代是否具有劳动观念、热爱劳动和珍惜他人的劳动成果，是关系到他们个人的发展和民族生存的大问题。

体育课上劳动教育的主要内容有：进行劳动观点教育，懂得劳动的价值，尊重他人（教师等）的劳动；进行劳动态度教育，对学生应结合学习态度教育；组织学生自己取、送体育教学有关的用品，教育学生爱护体育器材等公共财物，积极参加体育课学习活动，用自己辛勤的劳动换取优良的学习成果。

3. 集体主义教育：集体主义是现代大工业出现以后在无产阶级同资产阶级的斗争中形成和发展起来的，它是无产阶级道德的核心，制约着社会主义道德的其他规范和范畴，它与个人主义和极端利己主义是根本对立的，是社会主义学校思想品德教育的一项重要内容。

在体育课上进行集体主义教育的主要内容有：要培养学生具有关心同学的思想感情；在集体性的运动项目中培养学生的集体主义精神，引导学生团结互助，爱护集体荣誉，关心集体进步；引导学生正确认识和处理个人与集体的关系，当个人利益与集体利益相冲突的时候，能够克服个人小利，顾全集体大局，自觉地把集体利益和个人利益结合起来，逐步树立“心中有他人，心中有集体，心中有祖国，心中有人民”的集体主义观念。

4. 自觉纪律教育：不同的社会和不同的阶级有不同的纪律，社会主义社会实行的是自觉的纪律。纪律是人们自觉自愿遵守的，并受自己的责任心和义务感的支配，它建立在人与人之间相互平等、相互尊重、相互理解的基础上。自觉的纪律是教育的结果，也是教育的手段。

在体育课上进行自觉纪律教育的主要内容有：教育学生正确认识纪律的性质、意义和作用，正确认识自由与纪律的关系，提高遵守纪律的自觉性；教育学生遵守学生守则和日常行为规范，以及校规校纪，养成自觉遵守纪律的习惯和作风；结合体育比赛，培养学生自觉遵守比赛规则的习惯。

5．爱国主义教育：爱国主义，是人们在长期历史中形成的对自己祖国的一种深厚的感情。爱国主义是一个历史的范畴，具有历史性，同时也具有阶级性，它在历史发展的不同阶段和不同的国体国度里，具有不同的性质和内容。新中国的爱国主义，是在中国共产党领导下的中国人民对伟大的社会主义中华人民共和国的深切热爱的感情，是为祖国的独立、统一、繁荣和富强贡献自己一切的崇高精神，同时，它与狭隘的民族主义和大国沙文主义有着本质的区别。

在体育课上进行爱国主义教育的主要内容有：对学生进行体育发展史的教育，使他们了解在新中国成立前体育的凄惨状况和在新中国成立后所取得的巨大成就，懂得这些伟大成就是中国共产党领导取得的，是社会主义制度优越性的表现，从而激发学生热爱社会主义祖国和热爱中国共产党的思想感情。利用我国体育事业在各个方面所获取的惊人成就，激发学生的民族自尊心和自豪感以及爱国主义情感。

6．培养勇敢顽强的意志品质：勇敢顽强，是人们在征服自然和改造社会的伟大斗争中，不畏困难和艰险、百折不挠、坚韧不拔、前仆后继、英勇斗争和推动自身与社会不断发展与进步的宝贵品质。在建设现代物质文明和精神文明的伟大实践中，困难无计其数，更需要年轻一代具有顽强的意志品质。

在体育课上培养顽强意志品质的主要内容有：组织学生完成具有一定困难的任务；培养学生办事认真、有头有尾和坚持到底的精神；培养学生不怕做动作出现错误或者失败，要坚持纠正和克服，不达目的不停止的决心；培养学生在“危险”面前沉着、冷静、果断，大胆机智地去做动作。

7．科学世界观和人生观教育：世界观是人们对待世界的根本看法和态度；人生观是世界观的一部分，是人们对待人生问题的根本观点和态度。辩证唯物主义和历史唯物主义是无产阶级世界观，无产阶级人生观是无产阶级世界观的组成部分，是对待革命和人生的看法与态度，它们对于培养年轻一代成为社会主义现代化建设者和接班人具有根本性意义和作用。

在体育课上进行科学世界观和人生观教育的主要内容有：对学生进行辩证唯物主义和历史唯物主义基本观点教育，使学生正确认识物质与精神的关系，世界是物质的，精神是物质的反映，从而正确认识“身体是革命的本钱”的道理，更加积极地参加体育活动，锻炼身体，在健康的身体基础上，更好地培养思想品德，学习文化科学知识，开发智力。引导学生使理论结合实践，学习体育知识要在体育实践中去运用。要引导学生明白内因是事物发展的根本原因，外因是事物变化的条件，启发他们上课要积极主动参与，发挥主观能动性（内因），争取优良成绩。要教育学生事物是在不断发展、运动与变化的，不进则退，停滞不前更不行。启发学生不断进取，可由弱变强，由后进变先进，先进会更先进，要胜不骄，败不馁，永远进步。还要教育学生认识人生的崇高目的和意义，应将大公无私和全心全意为人民服务，作为自己人生的座右铭，现在积极锻炼身体，全面发展，是为了将来更好地为人民服务，做到将现实与未来联系起来，将锻炼身体与为人民服务联系起来。

二、体育课上进行思想品德教育的方法

思想品德教育方法对于实现思想品德培养目标、落实思想品德培养内容和提高思想品德培养工作的实效性，具有重

要意义。它主要解决思想品德培养过程中教师与学生的相互影响及其调节问题,当思想品德培养目标和内容确立之后,教师采用的教育方式方法和学生接受教育的方式方法，对于思想品德教育能不能达到预期的效果,将起到决定性的作用。可见，思想品德培养方法是促进学生形成良好思想品德的关键因素。

（一）选择思想品德教育方法的依据

制约影响思想品德教育方法的因素是复杂的，选择思想品德教育方法也不是随意性的行为。

从教师的角度讲，选择思想品德教育的方法，首先依据德育目标和内容。在不同的阶级社会里，思想品德教育目标和内容都有鲜明的阶级性。例如中国封建社会，采用的是棍棒式的教育方法；中世纪的欧洲，由于受宗教神学统治，强调的是对偶像的崇拜和盲目服从，采用的是禁锢式和盲从式的教育方法等。

其次，依据思想品德教育过程的规律和原则。这是选择思想品德教育方法的理论基础。在思想品德教育过程中，人们不断揭示出思想品德教育过程的规律。例如思想品德教育过程是对学生知、情、意和行综合培养的过程，是促进学生思想内部矛盾斗争发展的过程，也是一个长期的反复的逐步提高的过程等。又根据这些规律制定出思想品德教育必须遵守的基本要求——思想品德教育原则。贯彻这些原则，必须通过相应的方法，方法合理有效，更能体现原则精神。而合理有效的方法，必须在正确的原则指导下才能产生，所以选择思想品德教育的方法，应以思想品德教育过程的规律和原则为依据。

再次，依据学生年龄特征和思想品德形成与发展的规律。由于多种因素影响学生的思想品德，而学生思想品德发展又不平衡，这决定了思想品德教育方法的多样性。学生又有不同的个性特征和年龄特征，因此要有针对性和选择性，对有的学生可以用说理的方法和信任的方法，对有的学生就要用严格要求的方式。

（二）体育课上常用的思想品德教育的方法

1. 说服教育法：这是通过摆事实，讲道理，使学生明白事理，分清是非，提高思想认识的思想品德教育方法，是经常运用的一种基本的思想品德教育的方法。这种方法针对性强，是从学生的实际出发进行正面教育，循循善诱，以理服人。其特点：一有感染性，不仅能提高学生的认识，而且能使学生在情感上产生共鸣，使他们形成正确的观念和信念；二有真实性，讲真实的道理才能使学生信服，不能空泛地议论和说假话、空话；三有民主性，民主平等的师生关系是使学生信赖教师和接受道理的重要前提。

运用说服教育法，教师要做好充分准备，全面了解学生的情况，从实际出发，确定讲解的目的、内容和方式方法等；教师的态度要真诚、亲切、自然和耐心，具有民主、平等与和谐的气氛，消除学生心理方面的隔阂；教师的说理要有启发性，引起学生兴趣、好奇与思考，通过学生自己思考、分析和对比，明辨是非，做出结论。教师要善于抓住有利的教育时机，从学生的实际出发，启发诱导，以收实效。

2. 榜样示范法：用具体的和典型的正面形象教育，影响学生的思想、情感和行为。它的侧重点是从激发学生的思想感情入手，通过榜样人物的优秀品德感染学生，使学生形成良好的思想品德。由于此法通过榜样人才的言行，将抽象的政治、思想和道德具体化、人格化，因此，对受教育者具有极强的感染力，也具有相当高的权威性和可信性，能使学生从中吸取丰富的精神营养。

教师应为学生提供多层次和多类型的榜样，如伟人、名人、著名的体育家、运动员、英雄模范人物，以及社区和学校中有关的人和事,特别注意体育教师本身的示范表率作用。榜样的选择是有条件的，应具有典型性、权威性、群众性和现实性，使学生心悦诚服，乐于学习。

3. 感化教育法：利用环境、气氛、作风和体育教师自身的教育因素，对学生进行潜移默化的熏陶和感染，使其在耳濡目染中受到感化。这种方法侧重激发学生的情感，使其提高认识。它的特点是具体直观，形象生动，以情染情，以境触情，以情陶情，使学生在品德情感和品德认识上以至性格上逐渐完善。

感化的因素主要有：

（1）人格感化：体育教师利用自身的人格力量以及对学生的真诚热爱和期望为情境对学生进行的感化。体育教师对学生的爱是建立在对祖国、对人民和对未来热爱的基础上，是一种自觉的、理智的和高尚的爱，体现在对学生的理解、尊重、关怀和信任上，这是师生心理交融的接触点，是陶冶感化的基本因素。体育教师的言行举止、品德修养、治学精神、为人处世、仪表风度和表率行为等，是感化的重要因素。

（2）环境感化：利用环境中的教育因素，创设一种教育情境来影响和感染学生。例如创设一种良好的校园体育文化氛围，有宣传栏、板报、招贴画、“达标”栏和体育消息等，使学生经常受到体育环境的熏陶；再如创设一种清新、整洁和安全的体育课教学环境，垫子干净、跑道平整、沙坑松软、白线醒目等等，不仅使学生受到美的感化，而且使学生学习到体育教师高尚的职业道德、热爱学生的真挚情感和无私奉献的美好的情操等。在体育课上，创设一种和谐的人际关系，形成良好的心理场，对学生形成团结互助、互相友爱、互相关心和互相鼓励等良好的品质有积极作用。

4. 实际锻炼法：体育教师通过组织学生参加体育教学实践活动，对学生有目的地进行思想品德教育。这种方法侧重锻炼意志和培养行为习惯。此法包含两个方面。

（1）体育课教学常规训练：体育教师指导学生遵守学校体育课教学常规要求，这是一种经常性的和程序化的训练，对学生形成自觉纪律和遵守规章制度的观念与行为十分有益。

（2）体育课实际教学活动锻炼：

一是通过选用适当的教材培养某些良好的思想品德。例如选用支撑跳跃练习，培养勇敢、果断、灵敏品质；通过长跑练习，培养坚毅和顽强的意志品质；通过舞蹈、集体性游戏以及球类活动，培养集体主义情感和团结、协作的品质；通过队列练习，培养自觉遵守纪律的观念与行为等。

二是通过运用多样的体育教学方法培养有关的思想品德。例如通过运用比赛法，培养学生英勇拼搏和不断进取的精神；通过运用发现法，培养学生主体意识和独立自主的行为习惯，以及培养创造思维能力等。

运用实际锻炼法要有明确的目的和周密的组织措施，创设多样的活动方式。同时，注意引导学生认识各种实际活动的目的与意义，端正动机，启发自觉积极参加活动。还要在活动中运用表扬与批评手段，结合实际教学活动，及时进行指导和说服教育，将思想品德教育与教学活动有机地结合在一起，在体育教学实践中培养思想品德，思想品德教育又促进体育教学工作，两者相辅相成，互相促进。

5. 表扬批评法：表扬批评法本身就具有德育价值，可以对学生的思想品德进行激励或者抑制，达到思想品德教育目标。

（1）表扬：对学生良好的思想品德作出的肯定性的评价，具体方式有赞许和表扬。赞许是对学生良好的思想品德的赞同和称赞。赞同是肯定，称赞是好评。可分别用口头语言或书面评语表示，也可以用动作、手势和眼神表示。体育课上的表扬，一般以口头为主。

表扬方法可以使学生明确认识自己思想品德中的优点，从而产生愉快的情感和成功的体验，增强学生的信心。

运用表扬要实事求是，公平合理，恰如其分，应得到集体舆论的支持和大多数学生公认。

（2）批评：对学生不良的思想品德作出的否定评价，使其认识、克服和改正不良行为。体育课上常用口头批评，可分为个别批评与集体批评、课上批评与课下批评。

运用批评可使学生明确自己的缺点和错误，并在情感上产生内疚、羞愧与痛苦的体验，促其改正不良的思想品德行为。

批评不是目的，是教育学生的一种手段。坚决禁止侮辱学生人格的体罚和变相体罚。批评要符合实际，有理有据，不夸张，不缩小。批评要注意方式方法，根据学生年龄、性别、性格以及缺点错误的性质，区别对待。批评要达到一定的教育目的，既反对急风暴雨、大发雷霆和简单粗暴的做法，又要防止轻描淡写、小事化了和不了了之的不负责任的草率行为。批评尽量少用，同时尽量取得多数同学的支持，在集体舆论大环境中，批评会产生应有的效果。

三、体育课上进行思想品德教育的途径

这是指在体育课上实施思想品德教育的渠道和形式，主要有：

（一）建立并执行体育课教学常规

每所学校对体育课教学都建立了教学常规，这既是管理的一项内容，又是对学生进行思想品德教育的一种有效的途径。

教学常规是每节体育课都要做到的经常性的规定与要求，久而久之，会产生巨大的教育效果，是一条稳定的具有明显效果的思想品德教育途径。

（二）创建良好的体育课教学作风

作风虽然看不见，摸不着，但是它确实存在，而且对人的思想品德和精神面貌有着巨大的影响。创建良好的体育课教学作风，有助于形成一个团结的和凝聚力强的班集体，每一名学生在其中都会受到良好的教育与熏陶。

创建良好的体育课教学作风，一要有目的有步骤地进行；二要结合实际，循序渐进；三要建立并执行有关的规章制度；四要有检查监督措施；五要建立平等、合作和民主型的师生关系。

（三）通过目的性明确的教学活动

学校无小事，处处是教育。体育课上任何一个细小的教学活动，都含有教育的因素。体育教师一定要注意挖掘并发

挥每一教学环节的教育作用，使思想品德教育渗透到教学活动的全过程，落在实处（参见本节“实际锻炼法”）。

（四）及时妥善处理课上的“突发事件”

体育课教学由多种因素组成，并在一定的时空中进行，因而发生“突发事件”是不可避免的。突发事件一种是良性的，具有正面的积极作用；另一种是劣性的，具有负面的消极作用。一旦出现“突发事件”，体育教师要当机立断，快速作出分析判断，妥善处理：对于积极的和良性的“突发事件”，抓住有利时机，及时给予表扬与鼓励；对于消极的和劣性的“突发事件”，应及时制止，并在适当时候采取适当的方式给予批评教育，予以制止。总之，对于“突发事件”，要扬其善，抑其恶，要达到培养良好的思想品德的目的。

四、体育课上进行思想品德教育的要求

体育课上进行思想品德教育的过程是一个充满矛盾的过程，只有科学地和正确地处理其中普遍存在的多方面多层次的矛盾和关系，才能取得预期的效果。体育课上进行思想品德教育的基本要求有：

（一）说服教育与纪律约束相结合

体育课上思想品德教育的过程是促进学生思想内部矛盾斗争发展的过程，它解决的是学生精神世界的问题，而解决精神世界和思想范畴的问题不能采取简单粗暴强制的方法，只能采取说服教育的方法，使学生明白道理，转变情感，达到理通情通。坚持正面的说服教育，可以提高学生内在的积极性和主动性，促进思想内部矛盾斗争朝着正确方面转化。由

于青少年学生处在成长时期，知识经验少，社会阅历浅显，辨别是非能力差，自我约束能力不够，因此，要在进行正面说服教育的同时，制定必要的规章制度，辅之以纪律约束，使学生在成长过程中有章可循。当然，应当坚持以表扬为主、批评处分为辅的方针，大力弘扬正气，抑制不良的思想行为。

（二）尊重信任学生与严格要求学生相结合

体育教师要尊重学生的人格和建议，体现民主平等的师生关系，热心和关心学生的成长，并相信他们的力量和能力，相信每一个学生都能进步。尊重信任学生反映了社会主义人道主义精神。社会主义人道主义彻底否定封建尊卑贵贱的等级观念，肯定人与人之间的关系是民主平等的关系，相互尊重，以诚待人。尊重信任学生是把社会主义人道主义精神落实到对青少年一代的教育上，也是建立在对青少年一代社会地位的正确认识上。青少年有自己独立的精神世界和人格，理应受到尊重。在思想品德教育过程中，情感是沟通师生关系的纽带。热爱学生是教师最重要的感情生活，是教师的天职，可促进师生感情融洽。而融洽的感情，又是促进学生由思想道德认识转化为思想道德信念和意志，进而转化为思想道德行为习惯的重要因素。学生得到体育教师的尊重和信任，他们会感到生活在希望之中，会产生信心，利于良好的思想品德的形成与发展。

在尊重信任学生的基础上，又要按照教育目标、《学生守则》以及学校制定的各项规章制度，对学生进行认真的、严格的教育与管理。尊重信任学生与对学生严格要求是辩证统一的。尊重信任学生是严格要求学生的基础，而严格要求学生又是尊重信任学生的出发点。缺乏尊重信任学生的严格要求，可能会变成专制式的强迫性的管理，会极大地挫伤学生的积极性，因而也就失去了应有的教育作用。而没有严格要求的尊重与信任，可能导致放任、迁就与失控，不利于学生逐渐形成良好的思想品德与行为习惯。

（三）知与行结合

这一要求反映了思想品德教育过程是培养学生知、情、意、行的过程和学生良好的思想品德是在活动和交往中形成与发展的规律。学生良好的思想政治观点、道德意识和行为表现不是自发产生的，必须通过有意识的培养与训练。要以系统的和正确的理论知识武装学生,提高学生的认识为前提。不能停留在单纯的认识阶段，而要参加各种体育课教学实践活动，一方面加深对已掌握的知识的理解，另一方面又用已掌握的知识指导自己的实践活动，促进文明行为习惯的形成与发展。言行一致是形成道德品质的核心,是做人的根本,因此，体育课上进行思想品德教育，一定要坚持正确的理性认识和相应行为的统一。

（四）发扬积极因素与克服消极因素结合

学生身上的积极因素与消极因素一般表现在优点和缺点、积极心理与消极心理、先进思想与落后思想等方面。每个学生身上都同时存在着这两种因素,但在不同的学生身上,这两种因素所占比例不同。这两种因素在一定条件下，可以互相转化。

体育教师首先要正确和客观地分析评价每个学生的优点和不足，首先要发现并肯定学生的优点和长处，同时也要认真分析其不足或者缺点，对症下药，因势利导，扬善抑恶，化消极因素为积极因素。其中培养学生的进取心、自信心和自尊感是关键的一环，因为这些是学生进步的基础。特别是对待后进的学生，体育教师不仅要发现其积极因素，使其发扬光大，而且还要努力帮助其进步，使其成功、发展与提高，体验胜利的幸福和愉快，培养积极上进的思想感情。其次，体育教师要引导学生正确认识自己的优点和缺点，鼓励他们发扬优点，克服缺点，化消极因素为积极因素，不要肯定自己的一切，也不要否定自己的一切，相信自己会不断进步与提高的。

（五）集体教育与个别教育结合

从总体上讲，人的思想意识是在社会关系中形成的。对学生来讲，学生集体是他们社会关系的重要方面，他们的活动和交往基本上是在集体活动和交往中进行的。因此，在集体中进行教育要符合青少年思想品德形成和发展的规律。思想品德教育应首先着眼于学生集体，体育教师应先将一个一个学生组成集体，对集体进行教育。当集体形成之后，它就成为一种教育的手段，以有形和无形的力量影响着每个学生，能使学生学会如何正确处理人与人之间和个人与集体之间的关系，养成遵守纪律、团结友爱的思想意识和行为习惯。集体不是学生个体简单相加的总和，而是按一定的目标严密组织起来、有凝聚力的集合体，它的影响和作用远远超出个体简单相加的总和。在集体中，每个学生都有自己的特点，因此，体育教师在教育集体的同时，要做好个别教育，将集体教育与个别教育结合起来。通过集体教育个人，使集体成为促进个体发展的手段；反过来，又通过教育个体，提高个体的素质，充分调动个体的积极性和主动性，又有助于集体的形成、巩固与发展，这就是集体教育与个别教育在思想品德教育中的辩证统一关系。

（六）以身作则与持之以恒结合

在体育课上，体育教师是学生学习的活教材，体育教师的知识、品德、性格、责任心、气质和风度等，都对学生产生潜移默化的影响，是潜在的教育因素，具有现实的和巨大的教育意义。俗话说，“说一千，道一万，不如做出个样子给学生看”，这话有一定道理。教师无小节，处处是学生楷模。体育教师品德越高尚，举止越文雅，对学生的影响力越大，思想品德教育效果就越大。因此，教人要先正己，教育者要先受教育，这也符合严师出高徒之理。

学生良好的思想品德的形成是个长期的发展变化过程，其中有顺利阶段，也会有反复和曲折阶段，是受多因素影响的、复杂的和艰难而有变化的过程。体育教师要树立循序渐进的、系统的和艰巨的思想品德教育观，防止将思想品德教育当做一件轻而易举的和一蹴而就的事情，掉以轻心，思想上不重视。因此，体育课上的思想品德教育要年年进行，课课进行，贯穿体育课教学的全时空之中。

（七）经常性教育与临时性教育结合

体育课上进行思想品德教育是一项经常性的任务，依据教育方针和各种教学计划有目的、有计划地组织进行的，常流水，不断线，日积月累，必有成效。经常性教育是按既定计划组织实施的，有较强的目的性和系统性。但是，在历史发展过程中，学校内外会发生一些重要的变化，有的是对学生进行思想品德教育的良好素材，体育教师应敏锐地抓住良机，及时地对学生进行教育。这种临时性的教育，作用立竿见影，是经常性教育的重要的补充。将经常性教育与临时性教育结合起来，能够提高体育课上思想品德教育的效果。

复习思考题

1. 阐述在中小学体育课上进行思想品德教育的内容和方法。

2. 分析在中小学体育课上进行思想品德教育的途径和基本要求有哪些。

第十章　体育课的评价

第一节　体育课评价的目的和种类

对体育课的质量进行分析与评价，有利于提高体育教学质量和效果，有利于提高教师业务水平及教学研究的能力。

体育课教学质量分析与评价可以分为综合分析与评价、专题分析与评价两种。

一、综合分析与评价

综合分析与评价是指对课的质量进行全面的分析与评价，一般包括以下内容：

（一）课前准备工作

1．编写教案的质量：任务定得是否全面、明确具体，教材内容、组织教法和运动负荷安排得是否合理并符合任务要求。

2．场地器材的布局是否合理、安全、卫生和整齐美观。

（二）课的内容的选择，组织教法的安排与运用

1．教学内容是否符合学生年龄特点。

2. 教材搭配是否合理。

3. 教学组织是否严密紧凑。

4. 教法是否灵活多样和具有实效性。

5. 教学内容和组织教法能否体现区别对待。

（三）教师的教学和教育技巧

1. 讲解是否简明、准确和生动，语气是否恰当，声音是否洪亮。

2. 示范是否正确、优美。

3. 口令是否准确、洪亮。

4. 教态是否自然，仪表是否端正，精神是否饱满；师生关系是否融洽，是否能发挥体育骨干的作用。

5. 保护帮助是否得法。

6. 是否能及时发现和处理课上的突发事件，教育措施是否得法，教育技巧如何。

（四）增强体质的效果

1. 课上生理负荷是否适宜（全课练习密度是否合理，课上练习强度是否符合学生实际，心率曲线是否合理等）。

2. 发展身体素质的任务完成得如何。

（五）学生掌握“三基”的情况

1. 学生掌握基本知识、技术和技能的情况。

2. 课上是否注意发展学生的智能。

（六）教育工作的效果

1. 能否结合体育课的任务、教材的特点和学生的实际进行教育，将教育寓于整个教学过程之中。

2. 能否注意发展学生的个性。

3. 教育效果如何。

4. 学生学习态度、组织纪律、进取精神和意志品质如何，情绪是否饱满。

二、专题分析与评价

体育课的专题分析与评价，是指对课的质量的一个或两个专门问题进行较为深入系统的分析与评价。

进行专题分析与评价，要在一系列课中针对选定的问题进行系统的观察和分析，最后将所取得的材料归纳整理，作出适当的评价。例如专门分析评价体育课中的思想教育工作，或课的练习密度和运动负荷等。

复习思考题

体育课综合分析与评价的内容有哪些？

第二节　体育课密度的测定与评价

一、体育课的密度

课的密度（又称课的一般密度）是指课中教与学的各项活动合理地运用时间之和与课的总时间的比例。一堂课中教与学的活动包括教师的指导（讲解、示范、演示教具、纠正错误）、组织措施（整队、交换活动地点、收发器材）、学生做练习、学生之间相互观察与帮助、学生休息五种活动。

上述五种活动中，某种活动合理运用的时间与课的总时间的比例，就称某种活动的密度。如讲解示范密度、组织措施密度和学生做练习密度等。其中学生练习的总时间与课的总时间的比例，称做练习密度（又称“运动密度”）。

体育课教学过程中，上述五种活动都是必要的，但从体育课的特点看，学生做练习是主要的。因此，教师要善于根据课的任务、内容和学生特点等，尽可能地加强学生做练习这个重要环节，着重安排好课的练习密度。

由于教师教学经验和教学条件不同，实践中难免会出现不合理的讲解、提问、示范、演示教具、组织措施和不必要的休息等方面的缺点，从而产生不合理的使用时间。因此，这就要求教师认真备课，不断提高教学技巧和课的组织水平，充分利用上课的有效时间，尽量避免浪费时间。

二、体育课密度的测定方法

（一）准备工作

1. 研究课的任务、内容和组织方法。

2. 明确测定者之间的分工。

3. 准备好测定课的密度登记表（表 9）计时表及必要的用具。

4. 选择好测定对象（一般是选择班级中等水平的学生 2～4 人）。

（二）测定工作

测定课的密度是从上课开始到下课为止，以秒、分为单位，把课中各种活动结束的时间按顺序全部记录到登记表上（见表 9），如果在测定时能准确地区分出所用时间是不合理的，应及时记在“不合理时间”栏内，并在“说明”栏内注明原因。序号 1 的结束时间与所用时间相等，其他序号的所用时间,为本位序号的结束时间减去上位序号的结束时间。例如表 10 序号 6（齐步走）所用的时间为 30 秒（1 分 28 秒－58 秒＝30 秒）。

表 9　课的密度登记表

序号	活动名称	结束时间	所用时间	合理时间	不合理时间	说明
1						
2						
3						
⋮						
50						
⋮						

表 10　课的密度统计表

序号	活动名称	结束时间	所用时间	合理时间	不合理时间	说明
1	集合整队	10 秒	10 秒	10 秒		
2	报告人数	15 秒	5 秒	5 秒		
3	师生问好	17 秒	2 秒	2 秒		
4	讲解任务要求	30 秒	13 秒	10 秒	3 秒	重复讲解
5	原地转法	58 秒	28 秒	28 秒		
6	齐步走	1 分 28 秒	30 秒	30 秒		
7	徒手操	3 分 18 秒	1 分 50 秒	1 分 50 秒		
8						
⋮						

如果单独测定课的练习密度，可按表 11 中的内容进行登记，以便作详细的分析。

表 11　练习密度测定登记表

课的部分与时间	练习名称	练习数量	练习强度	练习质量	练习时间	百分比	备注
总计							

学校________ ________年________班　任课教师________

教材内容________测定时间________受测者________

性别________年龄________测定人________

在实际测定中，怎样才能判断练习的时间呢？凡在课中有目的地用于学习、巩固提高技术和技能、锻炼身体和增强体质的练习时间，均应算做练习的时间，其计算方法应根据不同项目特点具体掌握。

1. 基本体操：包括徒手操、棍棒（绳）操、武术操和一般发展练习等。如先讲后做，做动作算练习时间；若边讲边做，则整个过程算练习时间；跳绳、攀登、爬越和负重搬运，从动作开始到结束算练习时间。中间等待练习不算练习时间。

2. 技巧、支撑跳跃、单杠和双杠从开始姿势到结束姿势都算练习时间。如用跑步和正步出入队列，也算练习时间。

3. 跑：从预备姿势（各种起跑姿势）开始，到终点缓冲过程都算练习时间；由终点归队，如要求跑或慢跑及走跑交替归队，也算做练习时间。

4. 跳跃：从开始姿势到离开沙坑（或垫子）都算时间；归

队算法同“跑”的教材；如在平地上做跳跃练习，酌情计算。

5. 投掷：从开始姿势到投出器械，身体恢复到正常姿势为练习时间；出入队同“跑”的教材。拾回投掷器械时，如要求跑或走跑交替，也算练习时间。

6. 球类、游戏、比赛：单个动作教学，一般只从动作开始到结束算练习时间。游戏或比赛，原则上整个过程都算练习时间；若因犯规、学生不积极、站着不动和中断时，应将上述时间扣除。接力游戏或比赛，等待接力的时间不算练习时间。

7. 武术：从动作开始到结束，都算练习时间。

8. 各种静止用力的动作都算做练习的时间。如基本体操、武术中的静止用力动作和单双杠的悬垂支撑动作等。

9. 循环练习法：原则上整个过程都算练习时间，但如中间停顿或中断等待，不算练习时间。

三、体育课密度的统计与绘图

（一）统计

统计整理表 10 中的数据，先计算出各项活动所用时间和合理使用时间。合理使用时间等于该项活动所用时间减去该项活动不合理的时间。从计算出的数据中，再统计出课的密度、某项密度和课的练习密度。

（二）绘图

绘图有两种，一种是圆形图（图 15 和图 16）一种是条形图（图 17）。

1. 圆形图的画法：课的各项密度一般采用在圆形图中占有的扇形面积来表示，要想在圆形图中画出表示各项密度的扇形，只要求出各项密度对应的扇形圆心角度数，就可用量角器画出相应的扇形。

2. 条形图的画法：用条形图表示课的各项密度，可直接用比例尺绘图。

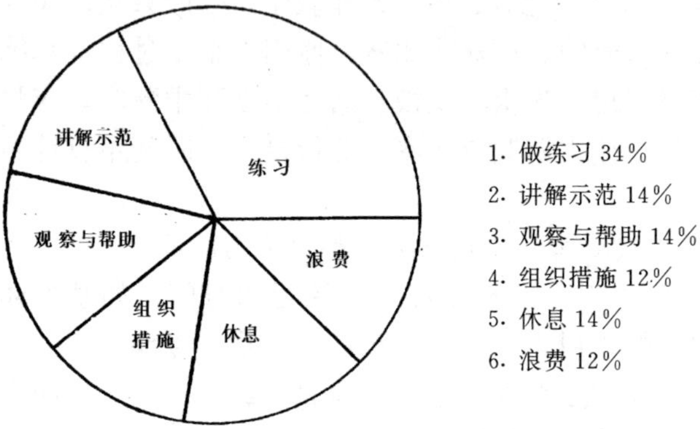

图 15　课的一般密度圆形图

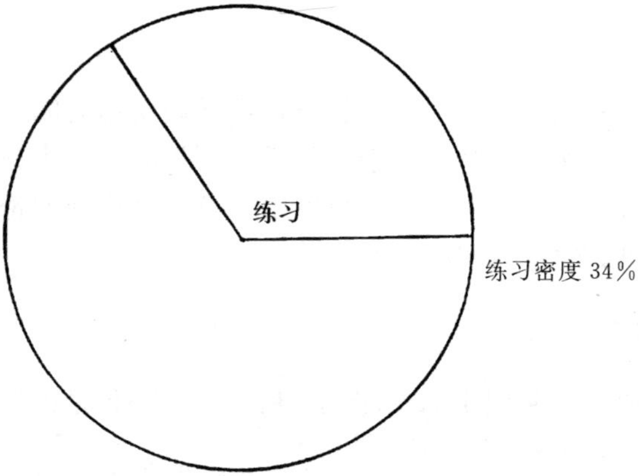

图 16　课的练习密度圆形图

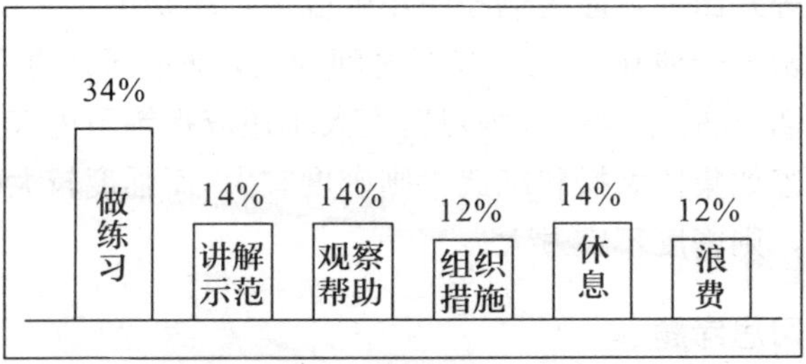

学校__________班级______受测者______性别______年龄______
时间________气候________上课教师________测定者________

图 17　课的一般密度条形图

四、体育课密度的评价

在分析评价课的密度时应根据课的任务、教材性质、学生特点和场地器材设备及气候等条件来进行。如新授课，教师指导的比重相对要大些，而复习课则练习的时间相对要多些。离开上述具体条件，就不可能对课的密度作出正确的评价。根据这一原则，对课的密度一般可以从合理运用时间的比重多少、比重是否适当、各种活动所占的时间比重多少和比重是否合理，以及学生做练习的时间多少、是否合理，不合理运用的时间多少、原因何在和改进意见等，对课的密度总地提出意见和建议。

对课的练习密度评价标准，国内外学者说法不一。苏联学者提出学校体育课的练习密度不得少于 50%；日本学者提出，45 分钟的中小学体育课，练习时间不能少于 15 分钟；前民主德国的学者提出可以在 25% ~ 50% 的范围内。国内的学者也说法不同。

从我国学校体育的实际（每班学生人数、物质条件、教师水平等）出发，应提倡在中小强度下，增加练习密度。课的练习密度一般在30％～45％之间为宜，基本部分的练习密度应在25％左右。当然，练习密度大小还应视练习内容而定，有的内容如集体做操和练武术则密度宜大，而强度较大的跑、跳练习，则密度不宜过大。

复习思考题

1. 如何测定体育课的练习密度并进行统计分析？
2. 如何测定体育课的密度？怎样分析体育课的密度？

第三节　体育课运动负荷的测定与评价

一、常用的方法

体育课运动负荷以及决定运动负荷效果的主要因素，在本书的教学原则一章中已经讲过。本节着重阐述体育课上运动负荷的测定与分析评价问题。

检查和评定运动负荷大小常用的方法有下列几种：

观察法　是教师在教学过程中常用的一种方法。主要从学生完成动作的质量、动作的准确性、控制身体的能力，学生的呼吸、汗量、脸色、面部表情、声音，以及学生做练习时的积极性等方面来判断运动负荷是否合适。

自我感觉　是以学生的主观感觉来判断运动负荷的大小，这对检查和评定运动负荷有一定的意义。自我感觉包括饮食、睡眠、精神和对练习的兴趣等方面。教师要经常听取学生的反映，并与观察相结合，加以分析研究，以判断运动负荷是否合适。

生理测定法　同观察法和自我感觉法相比，这是一种检查运动负荷较为客观的方法。它包括脉搏、血压、气体交换、呼吸频率、肺活量、体温变化、尿蛋白等方面的检查和评定。在一般的体育课中,通常采用的是较为简易的脉搏测定法。但这种方法的缺点是不够精确和全面，课上脉搏的测定只能提供大致的参考数据。为取得精确的运动负荷数据，应测定多种指标进行综合评定。

二、脉搏测定法

脉搏测定是在课的进行过程中,多次测定学生的脉搏,以便找出课中脉搏变化的趋势,分析运动负荷的安排是否合理。其测定的具体方法与步骤如下。

（一）准备工作

1. 了解课的任务、内容与组织教法。

2. 确定测定方法和测定者之间的分工，例如是定时测还是每次练习前和练习后测，谁记录，谁测定等。

3. 准备好必要的用具，如登记表（表 12）和计时表等。

4. 选择好测定对象（一般以中等水平的男女学生 2～4 名为宜），并商定好课中如何配合。

表 12　脉搏测定登记表

课的部分	测定时间	测定时的练习内容	脉搏数	备注

学校________年级______受测者______性别______年龄______
测定时间________气候______上课教师________测定者______

（二）测定

上课前要测定好相对安静时的脉搏数，一般在课前 3～5 分钟时测定。测定时要做好被测定者的思想工作，说明情况，消除思想紧张，以免影响脉搏的频率。在课的进行中，要选择好测定的地点和时机。测定时机通常采用定时测定和练习前、后测定，或两者结合的方法。最好是在做练习前、后测定，并在练习间歇过长时（如间歇 2 分钟以上）补充测定几次。一堂课最少要测 20 次以上，这样能较全面反映脉搏客观变化的情况。每次测定通常计取 10 秒钟的脉搏次数，课后再合成 1 分钟的次数。测定时，应尽可能不影响受测者进行练习。记录人应按表格及时登记，并观察受测者的表现和外界影响，以便对脉搏的变化作出正确的分析。

（三）统计与绘图

1. 统计：计算一堂体育课平均脉搏的方法有点算法和面积法两种。

（1）平均脉搏点算法：是求各点数据的平均值。将所测的各次脉搏数相加，除以测量次数即可（安静脉搏不列入计算）。

计算公式：

$$\bar{X}=\frac{X_1+X_2+X_3+\cdots\cdots+X_n}{n}$$

$\bar{X}$表示课的平均心率

X_1、X_2、X_3……X_n 表示各点心率数

n 表示测量次数

例：将图 18 中的数据代入公式

$$\bar{X}=\frac{102+96+120+108+156+114+150+108+138+120+156+132+162+144+168+144+120+102}{18}$$

$$=\frac{2340}{18}=130\text{ 次/分}$$

（2）平均脉搏面积算法：这种方法比点算法复杂，但是在测量次数较少的情况下，能较客观地反映课的运动负荷。其做法是（图 18），由所测得的各个点向表示时间的横轴作一垂线，就形成了许多个小梯形。然后计算出图中每个小梯形的面积的总和，再除以课的总时间（以分钟为单位），即为该课每分钟的平均脉搏。

计算公式：

$$\bar{X}=\frac{X_1+X_2+X_3+\cdots\cdots+X_n}{t}$$

$\bar{X}$代表课的平均脉搏

X_1、X_2、X_3、……X_n 代表每个小梯形面积（也可在 X 前边加面积符号 S）。

t 代表课的总时间

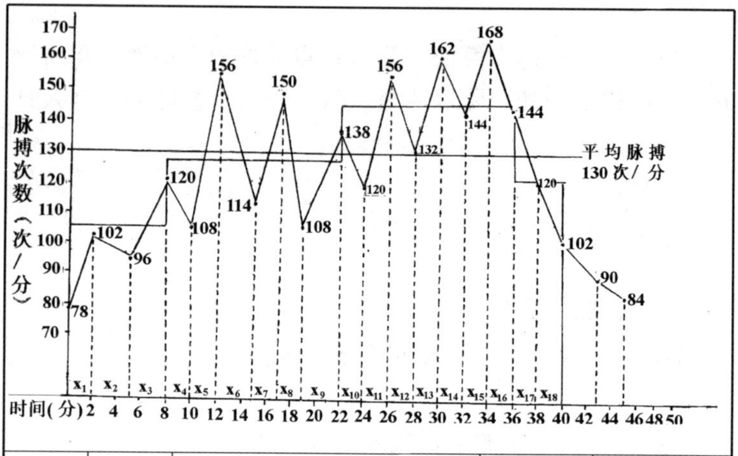

课的部分	准备	基本部分		结束	课后
主要内容	队列　表情操	持小球投远　跑步捡球	快速跑　迎面接力	放松操	

学校________　______年______班　受测者姓名______

性别______年龄______测定时间________气候______上课教师______测定者______

图 18　脉搏变化曲线图

现将图 18 测得的数据代入面积算法公式，求各区域生理负荷脉搏数值如下：

$$X_1 = \frac{78+102}{2} \times 2 = 180$$

$$X_2 = \frac{102+96}{2} \times 3 = 297$$

$$X_3=\frac{96+120}{2}\times 3=324$$

$$X_4=\frac{120+108}{2}\times 2=228$$

$$X_5=\frac{108+156}{2}\times 2=264$$

$$X_6=\frac{156+114}{2}\times 3=405$$

$$X_7=\frac{114+150}{2}\times 2=264$$

$$X_8=\frac{150+108}{2}\times 2=258$$

$$X_9=\frac{108+138}{2}\times 3=369$$

$$X_{10}=\frac{138+120}{2}\times 2=258$$

$$X_{11}=\frac{120+156}{2}\times 2=276$$

$$X_{12}=\frac{156+132}{2}\times 2=288$$

$$X_{13}=\frac{132+162}{2}\times 2=294$$

$$X_{14}=\frac{162+144}{2}\times 2=306$$

$$X_{15}=\frac{144+168}{2}\times 2=312$$

$$X_{16}=\frac{168+144}{2}\times 2=312$$

$$X_{17}=\frac{144+120}{2}\times 2=264$$

$$X_{18}=\frac{120+102}{2}\times 2=222$$

$$\overline{X}=\frac{180+297+324+228+264+405+264+258+369+258+276+288+294+306+312+312+264+222}{40}$$

$$=\frac{5101}{40}=128\text{次/分}$$

用面积法求得课的平均脉搏为128次/分。

（3）脉搏强度指数算法：脉搏强度指数是衡量体育课运动负荷强度的一个指标。课的脉搏强度指数，等于课的每分钟平均脉搏数除以课前相对安静时的每分钟脉搏数。用公式表示：

$$\text{脉搏强度指数}=\frac{\text{课的每分钟平均脉搏数}}{\text{课前相对安静时的每分钟脉搏数}}$$

衡量体育课脉搏强度指数大小的标准参见表13。

表13　脉搏强度指数标准表

脉搏强度指数	强度
1.2以下	小
1.2～1.8	中
1.8以上	大

2.绘图：在坐标纸上以时间为横轴，脉搏每分钟次数为纵轴建立坐标系，以相应时间所测得的脉搏次数为坐标，在所建立坐标系中描出对应的点，然后用线段连结各点，所连成的折线，就是脉搏变化曲线（见图18）。它能反映学生课中脉搏变化状况，以利于分析课的运动负荷。

三、评价

对课的脉搏变化曲线图和脉搏强度指数进行分析评价，应根据课的任务和人体生理机能变化规律，并考虑到受测者的健康状况、体育基础、年龄、性别、项目特点、气候条件以及影响脉搏变化的其他因素。一般可以从以下几个方面进行分析评价。

(一)整堂课中脉搏曲线上升、下降的一般趋势是否合理，是否有助于发展身体、增强体质、掌握体育技术和技能。

(二) 整堂课的平均脉搏是否合适。每一部分（阶段）的平均脉搏多少。

(三) 从脉搏强度指数分析体育课生理负荷强度是否适宜。

评价课的运动负荷应从发展的眼光和实效出发，加以综合评价。既要看脉搏（强度）的变化，又要看练习密度的大小。从我国实际出发，小学体育课运动负荷安排应密度大些，强度小些。

复习思考题

1. 评价体育课运动负荷常用哪些方法？
2. 如何用脉搏测定法分析评价体育课的运动负荷？

第四节 写课记

写课记是定性评价体育课质量的基本方法。

体育教师上课，要认真编写课时计划（教案），但是课时计划与任何计划和方案一样，在教学中丝毫不差地实现是不可能的。因此，教师在教学实践中所表现的教学才能和教学艺术，以及缺点和不足，都可以通过课记反映出来。

一、准备工作

设计表格（表 14）。课记者利用现成表格，并借助秒表，按时间的顺序，记录整个课的过程。

表 14　体育课课记表

时间	课的内容	课的进行	教师活动	学生练习及表现	队形

学校____________年级________班　人数________（男　女）

任课教师________时间________

二、内容

记录的内容包括上课时间、课的内容、课的进行、教师活动、学生练习及表现、队形等。

三、要求

（一）课记力求详细和真实。

（二）对教师的讲解、示范、组织与教法等，按照课的程序进行记录。

（三）要详细记录学生学习的精神面貌、做动作的积极性和效果等，如表 15 所示。

表 15　体育课课记

时间	课的内容	课的进行	教师活动	学生练习及表现	队形
0 分 ⋮	集合				
10 分	做表情拍手操	排成四列，横队，做表情操 1～6 节。	像老师这样做动作。对！不要慌，注意头。和老师一起唱歌，一起做操。慢点，注意老师的动作。好，好！还要注意表情。	随着老师一拍一拍地练习拍手动作，一节一节地练习动作（比较协调）。和老师边唱边练习。拍手操 1～6 节（基本完成、姿势不准确、个别不协调、放松不够）。情绪好。	×××××× ×××××× ×××××× ××××××× △
15 分 ⋮					

复习思考题

为什么要记课记？怎样才能写好课记？

第五节　体育课评价标准和要求

一、体育课评价标准

（一）练习密度。对练习密度的评价标准，国内外学者看法不一致。从我国学校体育的实际（每班学生数、物质条件、教师水平等）出发，在小学体育课中应提倡中小强度，有效地增加练习密度，课的练习密度以30％～45％为宜。

（二）平均脉搏和脉搏强度指数。小学体育课的平均脉搏一般以120～140次/分为宜，脉搏强度指数以1.4～1.8为宜。

（三）场地设计是否合理、新颖和实用。器材使用率是否高并且安全可靠。

（四）学生掌握知识和学习技术、技能的效果。

（五）学生在上课时是否精神饱满、积极主动、热情欢快、团结互助。

（六）教师的教态与师生关系如何。

（七）教师的应变能力和对教学程序（步骤）安排与控制的合理程度。

（八）看教案设计与实施操作符合的程度。

（九）评价标准也可用打分的方法进行（表16）

（十）课的任务完成情况是评价课的主要标准。

二、体育课评价基本要求

为使体育课评价达到预期的目的，对体育课评价时应做到以下基本要求。

（一）明确目的，收到实效。对于被评人来说，通过对自己所上的体育课的评价，可以听到评课人对自己上课优点的肯定，对上课缺点和不足提出改进的意见和办法，有利于自己总结经验，改进工作。对于评课人来说，通过对任课教师上课的观摩和评价，可以学习先进经验，促进自己的工作；也可以帮助任课教师改进工作，提高教学质量。只有明确上述目的，评课才能收到良好的效果。

表 16　某校体育课评价标准

内容（分值）	评价细则	标准分	实得分
运动负荷（25）	1．练习密度 2．平均脉搏 3．脉搏强度指数	10 10 5	
教学成果（30）	1．学生在上课时是否精神饱满、积极主动、热情欢快、团结互助 2．学生掌握知识、学习技术和技能效果	15 15	
组织教法（35）	1．教师的教态、师生关系 2．教师的应变能力和对教学程序（步骤）安排与控制的合理程度 3．看教案设计与实施操作符合的程度	10 15 10	
场地器材（10）	1．场地设计 2．器材使用情况	5 5	
总计		100	

（二）实事求是，有理有据。无论是肯定成绩，还是指出不足，都要用客观材料分析和证明，使大家心服口服。因此，运用多种方法收集全面翔实的材料是非常重要的。

（三）宽严有度，掌握分寸。评课要开门见山，实话实说。无论表扬或批评，都要一是一，二是二，不夸大不缩小，反映事物本来的面貌，增大评课结果的真实性。

（四）与人为善，互相学习。从团结和互相学习的愿望出发，通过评课活动，达到互相帮助和团结的目的。

（五）讲究方法，注意程序。如果时间允许，在课前由任课教师先介绍自己对课的设计和备课情况，课后由任课教师自己先做自我评价，然后由评课人评价，最后由主持人做小结。将评课全过程作为互相学习、互相帮助和共同提高的过程。

复习思考题

1. 体育课评价的标准有哪些？
2. 体育课的评价应注意哪些要求？